A. Pfui! Warte, sagen Sie nichts über meinen Mann! Wenn Ihnen jemand helfen kann, ist er es!

L. Sie meinen, gnädige Frau? Ja, Ihr Gemahl kennt mich ja noch gar nicht.

A. Aber ich kenne Sie u. schätze Sie, das genügt. Sie sind mir ein lieber Kamerad, ich habe ein wirkliches Z [illegible]

L. Ja, aber — [illegible]

A. Was aber? Ich sage Ihnen, mein Mann ist der beste Mensch von der Welt. Glauben Sie mir, daß er mir noch nie eine Bitte abgeschlagen hat? Hie u. da streiten wir ein bißchen — wir sind eigentlich nie der gleichen Meinung — aber das tut nichts. Ein bißchen Zanken würzt die Unterhaltung — schließlich behalte ich immer Recht, er gibt oft nach, wenn ich sogar mal im Unrecht bin, aus bloßer Güte. Kurz: er erfüllt mir aber jeden Wunsch.

Neff

ALEXANDER WITESCHNIK

Geht all's recht am Schnürl

oder

Richard Strauss in der Anekdote

PAUL NEFF VERLAG · WIEN

Ein Band aus der Reihe
KLEINE NEFF-BREVIERE
Hrsg. Karl Andreas Edlinger

ISBN 3-7014-0200-0

Einbandentwurf von Werner Sramek
unter Verwendung eines Schattenrisses aus
dem Programmheft der Kleinbühne „Hölle“
Gesetzt aus der Borgis Garamond-Antiqua
Gedruckt und gebunden bei Wiener Verlag
Hergestellt im Auftrag des Paul Neff Verlages, Wien

Vorwort

Wann ich zum erstenmal Richard Strauss-Musik gehört habe, ist mir nicht mehr in Erinnerung, wohl aber habe ich noch gut im Gedächtnis – ich war damals zehn Jahre – welches Aufsehen die Uraufführung der „Frau ohne Schatten“ 1919 in Wien machte und wie dieses Ereignis zum Tagesgespräch wurde, das für Wochen die Nachkriegsnöte vergessen ließ. Man drängte sich in die Oper, nicht um die Primadonna, den Startenor, den Spitzendirigenten oder eine kühne Inszenierung zu erleben, sondern um ein neues Werk zu hören. Das gab es damals noch, dank Richard Strauss.

Ich erinnere mich des weiteren recht gut, wie sehr ich mich als Gymnasiast bei der „Sinfonia domestica“, die man uns im Rahmen eines Schüler-Abonnementkonzertes bot, gelangweilt habe. Auch weiß ich noch, wann in mir der Funke Strauss'scher Musik zum erstenmal zündete. Es war bei „Till Eulenspiegel“ unter Clemens Krauss, und es war das ein Funke, der bei mir immer noch zündet.

Ferner bekenne ich gerne: Die „Salome“ hat für mich eine konstante Faszination, die Erkennungsszene der „Elektra“ greift mir immer wieder ans Herz, die Partitur der „Frau ohne Schatten“ scheint mir nach wie vor von unverwelkbarer Schönheit. Wenn mein Stimmungsbarometer gelegentlich auf tief steht, dann lege ich die „Jupitersymphonie“, den „Kaiserwalzer“, die „Meistersinger“-Ouvertüre auf oder ich höre mir das Schlußterzett aus dem „Rosenkavalier“ an und die Welt ist wieder hell und freundlich.

„Strauss war der letzte jener großen Musiker, deren Werk aus einem großen Quell strömte“, sagt der

Strauss-Biograph Ernst Krause. „Wo immer er mit seiner Musik der Gesellschaft entgegentrat, erwärmte er die Menschen.“

Es gibt aber auch andere Meinungen. „Richard Strauss begann als Komponist von morgen und war auf einmal ein Komponist von gestern . . . Er hat der abendländischen Musik bedeutenden Schaden zugefügt“, schreibt etwa Hans Weigel in seinem Buch „Apropos Musik“. Sonderbar nur, daß von diesem Schaden noch heute, rund dreieinhalb Jahrzehnte nach dem Tod von Richard Strauss, die Opernhäuser der Welt profitieren. Als Strauss in Wien seinen 80. Geburtstag beging, brachte Karl Böhm – damals Staatsoperndirektor – im Rahmen eines festlichen Strauss-Zyklus die 330. „Rosenkavalier“-Aufführung. Das Festprogramm verzeichnete den Gesamteinsatz der Wiener Oper für Richard Strauss in den 42 Jahren seit der Premiere der „Feuersnot“ unter Gustav Mahler mit 1112 Aufführungen. Wie hoch sich die Aufführungsziffern weltweit belaufen, hat wohl noch niemand gezählt.

Den Strauss-Gegnern sind diese Ziffern nur ein Beweis mehr für die Behauptung, der Vielschreiber aus Garmisch habe nach der „Elektra“, also nach seinem blamablen Rückfall in die platte Tonalität, nur noch „Verkaufsschlager“ fabriziert. Es drängt sich somit die Frage auf, was gewesen wäre, wenn Strauss die „Elektra“-Musik fortgesetzt und weiter entwikkelt hätte. Wäre Strauss etwa in die Nähe des „Wozzeck“ geraten, jenes Werkes, das immerhin als die bislang letzte Repertoire-Oper gelten darf? Die Frage bleibt offen. Fest steht, daß der „Rosenkavalier“ mit Recht als „der letzte wirkliche Opernwelterfolg“ gilt.

Musikforscher haben herausgefunden, daß Strauss bereits in seinem „Zarathustra“ eine lupenreine Zwölftonreihe aufgestellt hat, lange bevor sie von

Hauer und Schönberg „erfunden" wurde. Strauss war sich dessen durchaus bewußt: „Ich selbst habe ja mit diesem Unsinn angefangen!" Er hat allerdings – nachdem er (in der Klytämnestra-Szene der „Elektra") bis an die äußersten Grenzen gegangen war – entschlossen mit diesem „Unsinn" aufgeräumt und im „Capriccio" durch den Mund des Theaterdirektors La Roche sein Bekenntnis abgelegt:

Ich bewahre das Gute, das wir besitzen,
die Kunst unserer Väter halte ich hoch . . .
Wo sind die Werke, die zum Herzen des Volkes sprechen,
die seine Seele widerspiegeln?
Wo sind sie –
Ich kann sie nicht finden, so sehr ich auch suche.
Nur blasse Ästheten blicken mich an:
sie verspotten das Alte und schaffen nichts Neues!

Das ist freilich weder fortschrittlich noch avantgardistisch und vielleicht hat Karl Schumann wirklich die bündigste Charakterisierung der Strauss'schen Persönlichkeit gefunden, wenn er in seinem „Kleinen Richard Strauss-Buch" schreibt: „Strauss ist der Musterbürger der Musikgeschichte, der Mann ohne Affären und Skandale, der verbürgerlichte Wagner. Und diese Mäßigung erweist sich als Kraftquelle; ein wohlgeregeltes Leben konserviert das schöpferische Vermögen fast bis zum letzten Atemzug." Strauss selbst gab in einem Interview folgende Auskunft: „Ich schreibe an einem Arbeitstisch, der genau so aussieht wie alle anderen Tische, entweder im Hausrock oder im englischen Cheviotanzug. Ich bin niemals fieberhaft erregt und trage mein Haar kurz geschoren."

Hier in seiner Umgebung und seiner Selbstdarstellung findet sich jener gemütliche, lockere Humor, jene Selbstironie, die für den Menschen und Künstler Richard Strauss so typisch sind. Es lag daher nahe, sein Leben und Werk einmal aus anekdotischer Sicht zu betrachten. Anregend dafür war auch, daß Strauss einer der letzten großen Briefschreiber der europäischen Kulturszene war und daß fast alle seine durchaus handgeschriebenen Briefe, die in die Hunderte gehen, so treffend formuliert und pointiert sind, daß sich Anekdoten wie von selbst einstellen. Puristen mögen den Versuch, eine Strauss-Biographie als anekdotisches Mosaik zu präsentieren, als unseriös wenn nicht trivial ablehnen. Der freundliche Leser wird ihnen, so hoffe ich, nicht sekundieren. Wie sagte Richard Strauss in einem Gespräch über das Triviale: „Schaun S', zum Beispiel das aufsteigende Vier-Ton-Motiv in der Oberon-Ouvertüre von Weber – ist das net trivial? Ja, aber einfall'n muß 's einem halt!"

Wien/Döbling, im Frühling 1983 *A. W.*

KAPITEL I

Das Glückskind

oder

VOM RICHARDL ZUM RICHARD

Das wahre Große liegt nur in der
Klarheit und Einfachheit. Schaffe,
was Dir im Herzen sitzt, zutage und
halte den grübelnden Kopf im Zaum.
Nur was vom Herzen kommt, geht
wieder zu Herzen.

Franz Strauss an seinen Sohn Richard

Wenige Tage nach der ersten Begegnung Richard Wagners mit Ludwig II. wurde Richard Strauss in München, Altheimer Eck Nr. 2, geboren. Der 11. Juni 1864, sein Geburtstag, im Sternbild Zwillinge, war zwar ein Samstag, doch Strauss war trotzdem ein „Sonntagskind". Vom Vater, dem ersten Hornisten der Münchner Hofoper und Professor an der Königlichen Akademie, Franz Strauss, hatte er die musikalische Ader, von der Mutter, die der angesehenen Münchner Bierbrauersippe Pschorr entstammte, offenbar die literarische. Zu ihren weitschichtigen Verwandten zählten unter anderen Ludwig Ganghofer und Ludwig Thoma.

Tags darauf schrieb *Franz Strauss* an seinen Schwiegervater Georg Pschorr: „Mit freudigem Vaterherzen beehre ich mich, Sie, lieber Herr Schwiegervater, zu benachrichtigen, daß mein liebes, gutes Weibchen mich gestern, Samstag, morgens sechs Uhr mit einem gesunden, kugelrunden, hübschen Knaben beglückte, und zugleich kann ich Ihnen mit größter Freude mitteilen, daß Mutter und Sohn sich wohl befinden."

Von Mozart erzählt man sich, er sei als kleines Kind beim Stoß einer Trompete in Ohnmacht gefallen. Der kleine Richard Strauss begann beim Klang der Geige zu weinen, doch beim Ton des Waldhorns verzog sich sein Kindergesicht zu einem vergnügten Lächeln.

Mit viereinhalb Jahren erhielt er seinen ersten Klavierunterricht, mit sechs Jahren begann er zu komponieren: Ein Weihnachtslied und eine „Schneiderpolka". Noten konnte er früher schreiben als Buchstaben. Beim Weihnachtslied malte er bloß die Noten aufs Papier. Den Text – „Schlaf wohl, Du Himmelsknabe" – mußte die Mutter drunter schreiben.

Im übrigen zeigte sich schon der Vierjährige als ein recht quecksilbriger Lausbub. Einmal schmiß er sein um drei Jahre jüngeres Schwesterchen in einen Spiegelschrank. Der Spiegel fiel in Scherben, das Schwesterchen blieb heil.

Ein andermal stieg der Richardl aus dem Fenster der Strauss'schen Wohnung im zweiten Stock der Münchner Sonnenstraße und setzte sich rittlings auf den Querbalken des Aufzuges für Wassereimer, der außen am Haus montiert war. Die Mutter hatte Mühe, ihn wieder ins Zimmer zu angeln.

Als er einmal das Buffet der „guten Stube" erkletterte, kippte das ganze Möbel um, so erzählt seine Schwester, die übrigens auch zu komponieren versuchte, „Geschirr, Tassen, Teller, Gläser stürzten über Richard zusammen, dazu ganz von oben die Öl- und Petroleumlampen, Krüge und Vasen" und begruben den Missetäter unter ihren Scherben. Die Mutter, die händeringend ins Zimmer gestürzt war, sagte mit sanftem Vorwurf in der Stimme: „Eigentlich wollte ich Papa einen neuen Pelzrock kaufen!" Der Sohn blieb ungerührt: „Den neuen Pelzrock bringt eh das Christkindl!"

Bei seinen wilden Spielen warf Richard auch einmal das schöne alte geschnitzte Notenpult des Vaters um, wobei es in mehrere Stücke zerbrach. Das väterliche Donnerwetter schien unabwendbar. Doch die gute Mama wußte Rat: sie klebte das Pult säuberlich wieder zusammen und stellte es vorsichtig in die Ecke. Der erste, der seine Noten darauf legte, war ein

Horn-Schüler des Vaters, der in puncto Fleiß zu wünschen ließ. Im gerechten Zorn schlug Franz Strauss mit der Faust auf das Pult, das daraufhin natürlich in die Knie ging. Facit: Gewonnen! Jetzt ist der Papa schuld!

Ein besonderes Vergnügen war es für den Knaben, gemeinsam mit dem Vater das Konzert der Wachtparade am Marienplatz zu besuchen. Da lag er dann im Fenster des urgroßmütterlichen Wohnhauses wie in einer Rangloge und hörte begeistert zu. Zu Hause bat der Sohn den Vater: „Papa, spiel mir auf Dein'm Horn die Marschmusik von heute vor!" Der Vater: „Die hab' i mir net g'merkt!"

„Also pass' auf!", befahl der Sohn, stellte sich hin und pfiff sie fehlerlos vor.

Der erste Opernbesuch des Siebenjährigen galt Webers „Freischütz". Papa Strauss blies im Orchester die Horn-Soli und die beiden Kinder samt Mutter hielten die Daumen. Sie kannten die exponierten Stellen, da sie der Vater daheim fleißig geübt hatte. Als dann der böse Samiel zum ersten Mal auf der Bühne hinter Max erschien, drückte Richardl aufgeregt die mütterliche Hand und fragte flüsternd: „Tut er ihm jetzt was?"

Sein Klavierlehrer *August Tombo,* seines Zeichens Harfenist und als solcher ein Orchesterkollege des Vaters, verstand es übrigens, den kleinen Schüler, so wie weiland der Frankfurter Stadtkantor Johann Andreas Bismann die Geschwister Goethe, mit Späßen anzulocken. Wenn er dem Knirps etwas vorspielte, so tat er das mit „drei Händen": Den Baß griff er mit der Linken, die Oberstimme mit der Rechten und die Mittelstimme tippte er mit seiner spitzen Nase.

Über seinen frühen praktischen Musikunterricht – Violinstunden nahm er beim „Vetter" *Benno Walter* – urteilte Richard Strauss später in seinen „Betrachtungen und Erinnerungen": „Ich war immer ein schlechter Schüler, da das notwendige ‚Üben' mir wenig Spaß machte. Dagegen habe ich gerne vom Blatt gelesen, um möglichst viel Neues kennen zu lernen." Darum habe er später auch so gut Partitur gespielt.

Der „schlechte Schüler" bezog sich freilich nur auf das lästige Fingerüben, keineswegs auf den theoretischen Musikunterricht, den der Zehnjährige bei dem trefflichen Hofkapellmeister *F. W. Meyer* antrat und mit spielerischem Eifer bewältigte. Die Mutter mußte ihm die Schulhefte in Notenpapier einschlagen. So konnte er während der faden Mathematikstunden im Königlichen Ludwigsgymnasium seine Theorieaufgaben erledigen und seine Kompositionsversuche skizzieren. Auf diese Weise entstand das Violinkonzert in d-Moll, das spätere Opus 8. Ein Mathematikheft, das sich erhalten hat, liefert den Beweis: einer flüchtig hingeworfenen algebraischen Gleichung folgen dort seitenlang Partiturskizzen des Konzerts.

Trotzdem vernachlässigte der Gymnasiast den Schulunterricht ganz und gar nicht. Im Gegenteil, er entpuppte sich bald als wahrer Musterschüler. „Wohl wenige Schüler gibt es, die in gleichem Grade wie dieser Knabe Pflichtgefühl, Talent und Lebhaftigkeit in sich vereinen", heißt es in einer „geheimen Qualifikation" des Ludwigsgymnasiums. „Sein Eifer ist sehr groß; er lernt ebenso gern als leicht . . . Seine Aufmerksamkeit beim Unterricht ist sehr groß; nichts entgeht ihm. Und doch kann er kaum eine Minute lang ruhig sitzen, eine Bank ist ihm ein sehr leidiges

Ding. Ungetrübte Heiterkeit und Fröhlichkeit lacht ihm aus den blauen Augen . . . Offenheit und Herzlichkeit liegen deutlich ausgeprägt in seinen Zügen. Seine Leistungen sind gut, sehr gut. Einen solchen Knaben muß jeder Lehrer lieb gewinnen, ja es ist fast schwer, keine Vorliebe zu verraten." Und dann folgt die prophetische Erkenntnis: „Strauss ist ein angehendes musikalisches Talent." Der das niederschrieb, hieß *Karl Welzhofer* und war Gymnasialprofessor der Sekunda. Sein Name verdient festgehalten zu werden.

Mit der Mathematik stand Richard auf Kriegsfuß und über den ungeliebten Vermittler dieses „trockenen Zeugs" klagte er dem Vater: „Wenn eine neue Rechnungsart kommt, dann haspelt er an der Tafel ein Beispiel herunter, stellt sich die ganze Zeit mit seinem dicken Körper vor, und ist er fertig, dann löscht er's gleich wieder aus – und dann soll man's können. Er läßt einem gar nicht Zeit, über etwas nachzudenken, um's zu capieren; bis man sich besinnt, ist schon alles wieder ausgewischt!"

Vater Strauss, der „Joachim des Horns", wie ihn *Hans von Bülow* nannte, war ein erzkonservativer Anhänger der Klassiker und erbitterter Feind der „Moderne". Als verschworener Antiwagnerianer machte er in der Münchner Hofoper nicht nur dem Hofkapellmeister und Wagnerapostel von Bülow, sondern auch dem Bayreuther Meister selbst das Leben sauer. Bei einer Probe kam es zwischen dem Meister und seinem streitbaren Widersacher im Orchester zu einem derartigen Disput, daß es sogar dem wortgewaltigen *Wagner* die Rede verschlug, worauf Vater Strauss triumphierend feststellte: „Ich habe ihn in die Flucht geschlagen!"

Einige Jahre später, im Vorsommer 1868, zog der streitbare Hornist den Kürzeren. Es war bei einer der Orchesterproben zur „Meistersinger"-Uraufführung unter Hans von Bülow. Franz Strauss, der wieder im Orchester saß, rebellierte zum andern Mal. Bei der unbequemen Stelle kurz vor der Prügelszene, die das Horn ins hohe E hinaufschickt, legte er einfach sein Instrument hin und erklärte: „Das kann kein Mensch blasen!" Da trat der Chordirektor *Hans Richter,* vormals Hornist der Wiener Philharmoniker, an die Rampe und stellte gelassen fest: „Ja, auf Ihrem Posthörndl kann man's nicht blasen, aber auf einem richtigen E-Horn schon!" Stieg hinab ins Orchester, nahm einem Kollegen von Vater Strauss das Instrument aus der Hand und blies die „unspielbare" Stelle fehlerlos vor.

Am 10. August 1879 schrieb der 15jährige an den Vater: „Sonntag gehe ich – zürne nicht – in die ‚Dämmergötterung' . . . Ich freue mich schon auf den vorkommenden Gaul – das Schlachtroß –, was mich fast am meisten interessiert."

Richard Wagner stellte über Vater Strauss sachlich fest: „Dieser Strauss ist zwar ein unausstehlicher Kerl, aber wenn er bläst, kann man ihm nicht böse sein!"

Vater Strauss weigerte sich standhaft, in Bayreuth zu musizieren, obwohl ihn Wagner persönlich dazu einlud. Als ihm der Meister zu bedenken gab, daß er ja schließlich in München stets bei seinen Opern mitwirke, erwiderte er: „Ja, da bin i a Staatsbeamter! Da muaß i ja!" – Weshalb er dann – bei so viel unüberwindlicher Abneigung gegen den großen Richard – seinen eigenen Sohn ausgerechnet Richard getauft hatte, bleibt unerfindlich.

Unerfindlich auch, wieso Vater Strauss die Zustimmung zur Mitwirkung seines Söhnchens als Wagner-Figur bei den Münchner Kinder-Maskenfesten gab. So kam es, daß der sechsjährige Richard, einmal in Seide gewandet, den Chor der „Friedensboten“ aus „Rienzi“ anführte, ein anderes Mal, in Samt, als „Tannhäuser“-Minnesänger die Leier aus Papiermaché schlug.

Hatte der Knabe Richard für seine meist den lieben Anverwandten dedizierten Gelegenheits-Kompositionen – „meinem lieben Papa“, „meinem lieben Onkel“, „meiner lieben Tante“ – in eben diesen Anverwandten sein erstes verständnisvolles und dankbares Publikum, so trat bereits der komponierende Gymnasiast vor eine breitere Öffentlichkeit.

Seinem völlig unmusikalischen Klassenvorstand war die musikalische Nebenbeschäftigung des Schülers ein Dorn im Auge. Er riet ihm dringend, diese Spielerei aufzugeben, in der er es doch zu nichts bringen werde. Daraufhin komponierte Richard nach dem griechischen Originaltext des Sophokles einen „Elektra“-Chor – er wurde bei einem Abschlußkonzert des Gymnasiums aufgeführt – und widmete ihn „aus Dankbarkeit“ dem Klassenvorstand.

Aus dieser Zeit stammt die Anekdote vom alten Strauss-Onkel, Stabsauditor *Knözinger*, die der Meister selbst viele Jahre später dem Wiener Musikschriftsteller *Roland Tenschert* mitgeteilt hat: Onkel Knözinger, der stets auf den „Schwindler von Bayreuth“ schimpfte, „begegnete einmal meiner Tante Pschorr und rief ihr schon von weitem zu: ‚Denk dir nur, Johanna, das Unglück!‘ – ‚Na, was is denn passiert?‘ – ‚Mein Eugenerl . . . (sein Jüngster)‘ – ‚Ist erkrankt?‘ – ‚Nein, aber er spielt den ganzen Tag Wagner!' – ,No, ist das so schlimm?' – ,Und ob! Es g'fallt ihm a noch!'"

Vater Strauss leitete und dirigierte damals – und noch viele Jahre lang – ein Münchner Liebhaber-Orchester, die „Wilde Gungl". Es konnte nicht ausbleiben, daß er bei diesen Konzerten auch Musikstücke seines Sprößlings aufs Programm setzte: zuerst eine Gavotte, dann einen Festmarsch, dessen Partitur Richard kühn und ungeniert an den großen Verlag Breitkopf und Härtel sandte, der die Herausgabe ebenso prompt ablehnte, obwohl der junge Einsender nachdrücklich darauf hingewiesen hatte, daß der Marsch „einem Onkel von mir, Herrn Bierbrauereibesitzer Georg Pschorr, dediziert" sei, „welcher wünscht, daß derselbe in einer der ersten Verlagsmusikalienhandlungen in Druck erscheine, wobei er die Druckkosten bestreiten würde".

Gleichwohl fand das Werk einen Herausgeber. Es war der Joseph Aibl-Verlag, der den Ruhm für sich in Anspruch nehmen kann, Richard Strauss' erster Verleger gewesen zu sein und dem der junge Komponist auch gleich seine „Fünf Klavierstücke" als Opus 3 anbot. Der Inhaber des Verlages, *Eugen Spitzweg*, ein Neffe des Malers und ein Dufreund *Hans von Bülows,* sandte das Manuskript an den Freund und bat ihn um sein Urteil. Bülow, der im Hinblick auf den renitenten Hornisten der Münchner Hofoper gegen den Namen Strauss allergisch war, antwortete:

„Klavierstücke von Richard Strauss haben mir gründlichst mißfallen – unreif und altklug. Lachner ist ein Chopin an Phantasie dagegen. Vermisse alle Jugend in der Erfindung. Kein Genie nach meiner innigsten Überzeugung, sondern höchstens ein Talent, wo 60 aufs Schock gehen."

Eugen Spitzweg hat die „Fünf Klavierstücke“ trotzdem verlegt. Und Hans von Bülow wurde bald der eifrigste und selbstloseste Förderer des „unreifen und altklugen“ Komponisten, den er an dessen 21. Geburtstag dem Herzog Georg II. von Sachsen-Meiningen mit Nachdruck als Konzertdirektor empfahl. „Der ungemein begabte junge Mann . . .“, so hieß es in der Empfehlung. „Sein einziger Fehler besteht in seiner Jugend: 22 Jahre, doch sein ganzes Wesen empfiehlt ihn dem Respekte der Hofkapelle, die ihn bereits als Komponisten schätzen gelernt hat. Gestern hat er der Prinzessin ein neues Variationenwerk von sich vorgespielt, das Ihrer Hoheit sehr behagt hat. Zugleich dokumentierte er sich als ein zum Musizieren mit Höchstderselben wohlgeeigneter gewandter Pianist . . .“

Vater Strauss, der – nach Mitteilung des Sohnes – eher einem Tscherkessenfürsten als einem bayrischen Hofmusiker glich, war so etwas wie ein Haus- und Familientyrann, dem sich alle unterzuordnen hatten. So war es nicht verwunderlich, daß sich der Sohn auch in punkto Richard Wagner der Meinung des Vaters anpaßte. Seine ersten Begegnungen mit der Musik des Bayreuther Meisters verliefen höchst negativ. Über den „Lohengrin“ berichtete der Vierzehnjährige an den Studienkameraden und Freund *Ludwig Thuille:* „Die Einleitung besteht aus einem A-Dur-Gesäusel der Geigen in der höchsten Lage“, was „furchtbar süß und krankhaft“ klingt, „wie die ganze Oper“. Und über den „Siegfried“: „Gelangweilt habe ich mich wie ein Mops, ganz grauenhaft . . . es war scheußlich. Die Einleitung ist ein langer Paukenwirbel mit Bombardon und Fagotten, die in den tiefsten Tönen brüllen, was so dumm klingt, daß ich gerade hinausgelacht habe. Von zusammengehörigen

Melodien keine Spur . . ." Bei einer Stelle Mimes, so schreibt er weiter, „wär eine Katz krepiert und sogar Felsen wären vor Angst vor diesen scheußlichen Mißtönen zu Eierspeisen geworden . . . das Trompetersordino hat Wagner angewandt, um alles nur recht scheußlich und infam zu machen. Mir haben die Ohren gesummt von diesen Mißgestalten von Akkorden, wenn man sie überhaupt noch so nennen kann . . . wenn Du die ersten Szenen des 1. Aktes gehört hast, hast Du das ganze Gewäsch gehört, denn es wiederholt sich alles wieder . . . der letzte Akt ist langweilig zum Verrecken . . . Scheußlich, hundemäßig . . ."

In feuchtfröhlicher Pennälerstimmung spielte er einmal seinen wiehernden Kameraden am Klavier Isoldes Liebestod vor, parodiert und „verfremdet" im feschen Walzertakt.

Noch der sechzehnjährige Gymnasiast stellte apodiktisch fest: „In zehn Jahren weiß kein Mensch mehr, wer Wagner ist." Nach zehn Jahren hatte sich seine Meinung freilich völlig geändert. Damals gestand Strauss nach einer „Meistersinger"-Vorstellung in Frankfurt: „Wenn ma so was hört, möcht' ma am liebsten des eigene Graffelwerk auf'n Nagel hängen!" Und sechzig Jahre später schrieb Richard Strauss in seinen „Parerga für Joseph Gregor", Wagners Lebenswerk sei „unnachahmlich, unerreichbar, anbetungswürdig – der letzte Gipfel dreitausendjähriger Kunstentwicklung".

Das Vorurteil gegenüber dem „Schwindler von Bayreuth" hatte immerhin den Vorzug, daß der jugendliche Komponist nicht in den Schlagschatten des Giganten geriet. Er hielt sich vielmehr, auf Anweisung des Vaters, an die Wiener Klassiker, wobei ihm schon damals Mozart als Inbegriff der Musik erschien. Der Fünfzehnjährige nannte die „Jupitersymphonie“ „das großartigste Werk, das ich noch hörte . . . beim letzten Satz fühlte ich mich wie im Himmel“.

Jahrzehnte später begegnete Richard Strauss *Siegfried Wagner* in Wien. Es kam zu einem Disput über die Situation der Oper. Der Wagner-Sohn, der bereits eine Reihe epigonaler Märchenopern komponiert hatte, seufzte: „Mein Vater ist eben ein Gebirge, über das man nicht hinweg kann.“ Darauf Strauss gemütlich: „Ich hab' mir g'holfen. Ich bin rundumadum 'gangen.“

Längst schon hatte sich in Strauss' musikalischer Einstellung eine bedeutsame Wendung vollzogen. Obgleich ihm „Tristan und Isolde“ zunächst als „ein Chaos“ erschien, zog ihn die Musik doch magisch in ihren Bann. Insgeheim begann er die Partitur zu studieren, „nächtelang“, und geriet unversehens in einen Zustand „wachsender Ergriffenheit“. In diesem Zustand spielte er eines Abends einem Schulkameraden leise aus „Tristan“ vor. Da öffnete sich die Tür und herein stürzte wütend, im Schlafrock, das drohend blitzende Horn unterm Arm, der Vater. Es kam zu einem Donnerwetter, das in den väterlichen Befehl mündete, der mißratene Sohn möge, anstatt sich mit Wagner zu vergiften, Reißigers „Felsenmühle“ studieren. Diese „Felsenmühle“ war eine der damals vielgespielten epigonalen Dutzendopern, von denen heute kein Mensch mehr spricht.

In diese Zeit fiel auch die schicksalhafte Begegnung mit *Hans von Bülow,* der eine Bläserserenade des einst so abfällig beurteilten jungen Komponisten in sein Reiseprogramm aufgenommen hatte und nun für seine Meininger Kapelle „noch ein solches Stück" bei Richard in Auftrag gab. Dieser bediente ihn prompt mit einer viersätzigen Bläser-Suite, die sein Vater gerne kennenlernen wollte. Bülow entschied: „Strauss hat gebeten, die neue Bläsersuite seines Sohnes von uns probiert zu hören. Schön. Wir studieren sie hier ein. Dann mag sie der Komponist vom Blatt dirigieren . . ." Als der Sohn zu bedenken gab, daß er noch nie einen Taktstock in der Hand gehalten habe, winkte Bülow kategorisch ab: „Proben gibt's nicht. Dazu hat das Orchester auf der Reise keine Zeit!" So nahm das Schicksal seinen Lauf. „Ich dirigierte mein Stück in einem leichten Dämmerzustand; ich weiß nur mehr, daß ich nicht umgeschmissen habe. Wie es sonst gewesen, könnte ich nicht mehr sagen", bekannte Richard Strauss zweieinhalb Jahrzehnte später in seinen „Erinnerungen an Hans von Bülow".

Bülow selbst war „scheußlicher Laune" und hörte sich das historische Dirigenten-Debüt gar nicht an. Er paffte eine Zigarette nach der anderen und rannte „wie ein wütender Löwe" im Musikzimmer umher, bis Vater Strauss erschien, um sich bei ihm tief gerührt zu bedanken. Darauf hatte er nur gewartet. Zornentbrannt schrie er den Verblüfften an: „Sie haben mir gar nichts zu danken, ich habe nicht vergessen, was Sie seinerzeit hier alles mir angetan haben, hier in diesem verdammten München. Was ich heute tat, habe ich getan, weil Ihr Sohn Talent hat, nicht für Sie!!" Vater Strauss machte kehrt und verließ wortlos das Zimmer und, siehe da, Bülow war plötzlich in allerbester Laune. Ein Münchner Kritiker aber schrieb anderntags über den jungen Strauss: „Sollte er kein berühmter Komponist werden, so wird er sich zweifellos zu einem trefflichen Kapellmeister heranbilden."

Bülow war nicht nur einer der ersten Stardirigenten im heutigen Sinn, er versuchte auch sein Publikum zu erziehen. So pflegte er schwerer verständliche Werke gleich noch einmal aufzuführen. Das ging so weit, daß er sogar Beethovens „Neunte" repetierte. *Brahms,* der dabei war, gab auf die Frage: „Was hat er denn dirigiert?" die lakonische Antwort: „Die Achtzehnte Beethoven."

Häufig und gerne versuchte Bülow auch, Musiker wie Zuhörer durch erläuternde oder einführende Worte zu belehren. Und diese Belehrung geschah oft – so Strauss – in Form eines witzigen Epigramms. „Er war der geistreichste Conférencier, der jemals im Gewande eines genialen Schulmeisters gesteckt hat."

Inzwischen war dem siebzehnjährigen Komponisten auch der Sprung in die große Öffentlichkeit gelungen. Der Dirigent *Hermann Levi,* eine der Stützen Bayreuths und damals bayrischer Generalmusikdirektor, hatte seine erste Sinfonie ins Programm eines Abonnementkonzerts aufgenommen. „Tags darauf saß der Unterprimaner auf der Schulbank", so schreibt der Strauss-Biograph *Otto Erhardt,* „als wäre nichts geschehen und er nicht am Abend vorher im Odeon, dem größten und wichtigsten Konzertsaal Münchens, vor eintausendachthundert Hörern gefeiert und von Dirigent und Orchester ostentativ applaudiert worden."

Das war ein Jahr vor der „Parsifal"-Uraufführung in Bayreuth, deren musikalische Leitung Hermann Levi innehatte. Levi war klug und forderte als Ge-

gendienst für sein Bemühen um den Sohn den Vater auf, die erste Hornisten-Stelle bei der Uraufführung des „Parsifal" zu übernehmen. *Franz Strauss* konnte nicht gut ablehnen. Ja, er gestattete sogar dem Sohn, der eben das Abitur bestanden hatte, mit ihm nach Bayreuth zu fahren. So kam es zu der grotesken Situation, daß der verschworene Antiwagnerianer seinen „mißratenen" Sohn statt zu Reißigers „Felsenmühle" höchstpersönlich zum „Mephisto der Musik" und seiner „Giftküche" führte.

Natürlich bereitete der renitente Hornist auch in Bayreuth Ärgernis. Franz Strauss teilte den Mitgliedern des Münchner Hofopernorchesters vor einer „Parsifal"-Probe eben in einem Appell mit, daß er für sie im Bürgerverein ein billiges Mittagessen bestellt habe, als *Richard Wagner* erschien und dreinfuhr: er habe doch eigens im Theater-Restaurant einen gemeinsamen Mittagstisch ausgemacht.

„Das paßt unseren Herren net!" erwiderte Vater Strauss. – Darauf Wagner: „Na, dann freßt 'r ähm eure sauren Gurken, wo 'r wollt!"

Bereits im Winter 1882 unternahm Richard seine erste Konzertreise. Sie führte ihn nach Wien. Dort begleitete er am Flügel seinen Lehrer Benno Walter, der sein Violinkonzert spielte, eben jenes, das der Unterprimaner ins Mathematikheft skizziert hatte. Das Konzert fand im Bösendorfersaal, jenem akustischen Wunder, das Bösendorfer aus einem Reitstall gezaubert hatte, ausgerechnet am 5. Dezember, dem Sterbetag Mozarts, statt. Der Wagnertöter *Eduard Hanslick* bestätigte dem „jungen Komponisten", der sich auf das „günstigste eingeführt" habe, „ungewöhnliches Talent". Richard Strauss bemerkte viele Jahre später mit leisem Sarkasmus, dies sei das „erste und einzige Lob" gewesen, das ihm Hanslick gezollt habe.

Im darauffolgenden Jahr „spendierte" Papa Strauss dem Sohn einen „Winter Berlin". Richard atmete die Luft der neuen Reichshauptstadt in vollen Zügen, tat sich fleißig um in Künstlerkreisen, verbrachte „viele angenehme Plauderstunden" im gastlichen Haus des Bildhauers Reinhold Begas, spielte Streichquartett im Heim des kaiserlichen Hofmalers Anton von Werner und begegnete dort dem greisen *Menzel,* von dem man sich erzählte, er könne sich so schwer von seiner Arbeit lösen, daß er fast immer zu spät ins Theater käme. Als er wieder einmal zu einer Vorstellung von Mozarts „Don Juan" in der Berliner Hofoper verspätet eintraf und die erste Szene mitsamt der Ouvertüre bereits vorbei war, soll er sachlich festgestellt haben: „Den ollen Komtur habe ick noch niemals lebendich jeseh'n."

Zwei Jahre danach – am 1. Oktober 1885 – trat Richard Strauss seine erste Stellung als Herzoglicher Musikdirektor in Meiningen an. Das bedeutete zugleich: Assistent seines Gönners *Bülow* und damit „eine Lehrzeit, wie sie interessanter, eindrucksvoller und – amüsanter nicht zu denken ist. Täglich von 9 bis 12 Uhr vormittags fanden die denkwürdigen Proben statt, wie sie nur Bülow halten konnte", bekennt Strauss viele Jahre später in seinen „Erinnerungen an Hans von Bülow", die er 1909 für die „Neue Freie Presse" in Wien schrieb. „Das Bild der Werke, die er damals (alle auswendig) probierte, steht seit dieser Zeit unverrückbar vor meiner Seele." Dort hat Strauss auch den pädagogischen Wahlspruch Bülows überliefert, der „heute noch die Eingangspforte jeder Hochschule zieren" könnte. Er lautet: „Lernt erst die

Des Helden Widersacher

1 Der Held des Heldenlebens

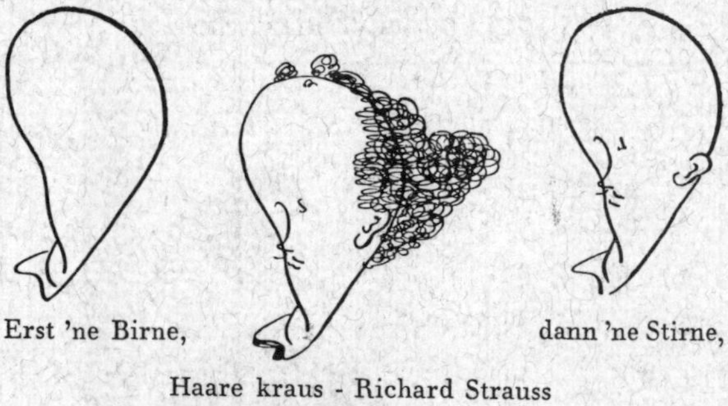

2 Wie ein Strauss-Porträt entsteht

3 Siegfried Wagner contra Richard Strauss

Partitur einer Beethovenschen Sinfonie *genau* lesen und ihr habt auch schon die Interpretation!"

Zu einer dieser Proben, die der junge Assistent in Vertretung des verreisten Bülow allein leiten mußte, erschien plötzlich und unangemeldet die *Erbprinzessin Marie,* die Strauss in Klavier unterrichtete, mit großem Gefolge. Richard, „bereits so weit hoffähig", unterbrach sofort die Probe und erkundigte sich ergebenst nach Höchstdero Wünschen.

„Ich möchte die ‚Holländer'-Ouvertüre hören", erwiderte die Prinzessin prompt. Erschrocken stieß der junge Musikdirektor die Worte heraus: „Aber ich habe die ‚Holländer'-Ouvertüre noch nie dirigiert!" Worauf die Prinzessin spöttisch meinte: „Na, aber die ‚Freischütz'-Ouvertüre werden Sie doch wenigstens kennen?" Das genügte. Richard Strauss streckte sich, ließ ungesäumt die „Holländer"-Ouvertüre auflegen und dirigierte sie „mit dem Mute der Verzweiflung" und ohne Unfall.

Acht Tage später debütierte Strauss als Konzertpianist in Meiningen. Bülow hatte ihm Mozarts Klavierkonzert in c-Moll aufgetragen, und obwohl er den ganzen Sommer fleißig daran geübt hatte, zitterte Strauss nun doch „höllisch davor", das Werk unter Bülow zu spielen. Aber Bülow, der gestrenge und unerbittliche Pedant, konnte sehr gerecht und liebenswürdig sein. Als der erste Satz gut vorübergegangen war, neigte er sich zu dem Debütanten und raunte ihm zu: „Wenn Sie nicht was Besseres wären, könnten Sie auch Klavierspieler sein."

Anschließend dirigierte der junge Pianist seine f-Moll-Sinfonie. Unter den Zuhörern saß kein Geringerer als *Johannes Brahms.* Strauss war begierig, dessen Urteil zu hören. Brahms knurrte nur: „Ganz hübsch.“ Dann aber holte er Atem und meinte: „Junger Mann, sehen Sie sich genau die Schubertschen Tänze an und versuchen Sie sich in der Erfindung einfacher Melodien!“ Und das erinnert an jenen andern Brahms'schen Ausspruch, der da lautet: „Wenn mir eine hübsche Melodie einfällt, ist mir das lieber als ein Leopolds-Orden!“

Richard Strauss hat den Rat befolgt. Ob er wohl an Brahms dachte, als ihm Jahre später die innige „einfache Melodie“ des jungen Liebespaares im „Rosenkavalier“ einfiel: „Muß ein Traum, kann nicht wirklich sein . . .“?

Zur Brahms-Musik fand Strauss jedoch sein Leben lang kein rechtes Verhältnis. Mit 25 nannte er Brahms den „heiligen, ledernen Johannes“ und noch Jahrzehnte später rümpfte er die Nase über die Brahms'sche „Vierte“ und mokierte sich über deren „Hamburger Regenwetter-Stimmung“.

Um diese Zeit äußerte er sich einmal zu den Wiener Philharmonikern: „Schon mein Vater hat g'sagt, daß nördlich vom Main die Musik aufhört.“ Das war deutlich. „Is das Thema der Vierten von Brahms überhaupt ein Thema? Nein!“ entschied er kategorisch.

Wenige Tage nach Richards Pianisten-Debüt gab es in Meiningen ein musikalisches Brahms-Fest zu Ehren des anwesenden Komponisten: mit der Uraufführung der c-Moll-Sinfonie und der „Akademischen Festouvertüre“ als Schlußpunkt. Um Brahms zu huldigen, übernahm Bülow das Becken, Strauss die große Trommel. Dabei ergab sich „das ergötzliche Schauspiel“, so erzählt Strauss, „daß keiner von uns beiden Pausen zählen konnte. Ich war in der Probe schon im vierten Takt draußen und half mir schließlich damit, daß ich mir eine Partitur aufs Pult legte. Bülow aber, dessen Aufmerksamkeit fortwährend von seiner gleichfalls meistens aus Pausen bestehenden Stimme abgelenkt wurde, hörte immer nach acht Takten kräftigen Zählens auf und rannte jeden Augenblick zum Trompeter: ‚Bei welchem Buchstaben stehen wir?' . . . Ich glaube, am Schlagwerk ist noch nie so viel gepatzt worden, als an dem Abend, da die beiden Herren Kapellmeister mitwirkten."

In diesen Tagen besuchte Strauss einen Meininger Bürgerball. Nach dem ersten Walzer fragte seine hübsche Tänzerin, eine junge Schulratstochter, ihren Partner: „Sind Sie vielleicht mit dem Walzerkönig Johann Strauß verwandt?" – „Nein, liebes Fräulein", erwiderte lächelnd der Gefragte. „Aber vielleicht wird ma' später einmal fragen, ob Johann Strauß mit mir verwandt is. Des tät mi freu'n."

In Meiningen schrieb Strauss unter anderem auch seine „Burleske für Klavier mit Orchester" in d-Moll, die er selbst überraschenderweise als „reinen Unsinn" bezeichnete, nachdem er sie mit der Meininger Kapelle zum ersten Mal durchgespielt hatte. Überraschend deshalb, weil das sprühende Werk noch heute die Hörer entzückt, wenn ein Meister am Flügel sitzt, wie etwa Friedrich Gulda. Vielleicht war an diesem Fehlurteil Hans von Bülow nicht ganz unschuldig, der die „Burleske" entrüstet ablehnte und sie – er hatte sehr kleine Pianistenhände und konnte kaum eine Oktave spannen – als unspielbar erklärte: „Jeden Takt eine andere Handstellung – glauben Sie, ich setze mich vier Wochen hin, um ein so widerhaariges Stück zu studieren?" – Strauss hat übrigens sein Urteil später revidiert, als *Eugen d'Albert* vier Jahre später das Opus, das ihm gewidmet ist, glanzvoll aus der Taufe hob und damit seine Spielbarkeit bewies.

Richard Strauss lernte in Meiningen unter Bülow nicht nur ein perfektes Dirigier-Handwerk, er empfing auch tiefe Eindrücke von der Schauspielkunst der Meininger, deren Musteraufführungen klassischer Werke unter der Leitung des Herzogs epochemachend und stilbildend wirkten. Als er Meiningen verließ, um das Amt des dritten Kapellmeisters in seiner Heimatstadt München anzutreten, verabschiedete ihn *Frau von Heldburg,* die auf den Ruhm der Meininger Kapelle „immer etwas eifersüchtig gewesen war", mit den huldvollen Worten: „Seine Hoheit der Herzog und ich bedauern sehr, daß wir Sie so bald schon wieder verlieren." Und als sich der Angeredete geschmeichelt verbeugte, setzte sie fort: „Sie waren der beste – Claqueur, den wir seit langem im Schauspiel besessen haben."

Ähnlich wie bei Goethe brachte auch bei dem jungen Strauss eine italienische Reise den Durchbruch zur eigenen Persönlichkeit. Begeistert schrieb er an Bülow: „Ich habe nie so recht an eine Anregung durch Naturschönheit geglaubt, in den römischen Ruinen bin ich eines Besseren belehrt worden, da kamen die Gedanken nur so geflogen."

Dagegen konnte er an der italienischen Opernmusik wenig Geschmack finden. So berichtete er aus Florenz nach Hause: „Gestern abend ‚Aida', scheußlich. Indianermusik!" Und ein paar Tage später: „Zur italienischen Musik werde ich mich wohl nie bekehren, es ist eben Schund."

Als Frucht dieser Reise brachte Strauss die „Symphonische Phantasie", betitelt „Aus Italien", mit, die er Bülow widmete. Als er das Werk 1887 in München persönlich aus der Taufe hob, gab es „großen Rumor – allgemeine Verblüffung und Wut darüber, daß ich nun auch meine eigenen Wege zu gehen anfange, meine eigene Form schaffe und den faulen Menschen Kopfzerbrechen mache".

Es wurde zwar lebhaft applaudiert, aber auch „ordentlich" gezischt, was – wie der junge Komponist selbstbewußt feststellte – „mir natürlich großen Spaß machte . . . Ich tröste mich, bin mir des Weges, den ich machen will, genau bewußt. Es ist noch keiner ein großer Künstler geworden, der nicht von Tausenden seiner Mitmenschen für verrückt gehalten worden ist".

Oder in anderer Darstellung: „Den größten Spaß habe natürlich ich gehabt dabei; es war eine Hetz', wie der Wiener sagt. Die einen haben wütend applaudiert, die andern eifrig gezischt . . . Die Gegner haben mich für halb verrückt erklärt, sprachen von Irrwegen und was dergleichen Plunder mehr ist. Mein Stolz war ungeheuer; das erste Werk, das auf die Opposition des großen Haufens gestoßen ist; da muß es doch nicht unbedeutend sein!"

Obwohl sich auch *Bülow* mit dieser neuartigen Programmusik nicht recht befreunden konnte, nahm er die Widmung des „durch Lokalopposition dekorierten" Werkes an, und zwar – wie er sich ausdrückte – „mit dem gleichen Enthusiasmus . . ., den ich sonst gemeiniglich für Ablehnungen ähnlicher Auszeichnungen an den Tag zu legen pflege".

Um diese Zeit wurde in der Münchner Oper eine Neueinstudierung von Cherubinis „Wasserträger" aufs Programm gesetzt. Der junge Strauss und der erfahrene Bülow waren sich darin einig, daß das Finale der Oper eine ausgesprochene Schwachstelle war.

„I schreib das Finale neu", schlug Richard vor. „Kein Mensch wird's merken!" Darauf Bülow: „Cherubini wird's schon merken – also lassen wir's lieber!"

Als die italienische Fantasie zum ersten Mal in Wien erklang, unter Gustav Mahler, konstatierte die „Neue Freie Presse": „Ob jemand eiligst nach Italien reisen möchte, der es nur aus der Schilderung von Richard Strauss kennt, scheint uns etwas zweifelhaft."

Als die Kritik das neue Opus „einen musikalischen Baedeker Süditaliens" nannte, geriet Strauss nun doch in Harnisch. Erregt schrieb er an Bülow, er sehe nicht ein, daß man sich, noch ehe man die Kraftprobe unternommen, selbständig zu schaffen und die Kunst vielleicht einen kleinen Schritt vorwärts zu bringen, als Epigone begnügen solle. „Wenn's nichts geworden ist, na, dann halte ich es immer noch für besser, nach seiner wahren künstlerischen Überzeugung vielleicht auf einem Irrweg etwas Falsches, als auf der alten ausgetretenen Landstraße etwas Überflüssiges gesagt zu haben." Dieses stolze Wort erinnert an den Ausspruch des späteren Wiener Staatsoperndirektors *Clemens Krauss,* den Strauss seinen „getreuen Taktstock" nannte: „Besser eine falsche Meinung als gar keine!"

Sehr begreiflich, daß das gärende Genie von der Position des „dritten Kapellmeisters" auf die Dauer nicht befriedigt sein konnte; umso weniger als ihm ein Durchschnittsdirigent namens Franz Fischer als „zweiter Kapellmeister" vorgesetzt war und der Hoftheaterintendant *Karl Freiherr von Perfall* – „Baron

Durchfall" nannte ihn Bülow – nur mäßiges Verständnis für die ungewöhnliche Begabung seines „Dritten" hatte. Noch Jahrzehnte später zog Strauss in seinen „Erinnerungen" gegen Perfall vom Leder: „. . . er war ein abgefeimter Schurke. Auch gegen mich hat er sich so benommen: übertrug mir die Einstudierung von Wagners ‚Feen', um mir vor der Generalprobe zu erklären, daß nunmehr Hofkapellmeister Franz Fischer – nebenbei bemerkt einer der talentlosesten Musikanten, die mir begegnet, am Dirigentenpult ein wahrer Verbrecher – die Oper übernehmen würde, da er eine so wichtige Novität nicht vom ‚dritten' Musikdirektor leiten lassen könne. Ich nahm daraufhin meine Entlassung."

Einen Gewinn fürs ganze Leben aber empfing Strauss aus dieser Zeit durch die Begegnung mit einer „sehr hübschen, liebenswürdigen jungen Dame", die er seinem Jugendfreund und späteren Biographen Max Steinitzer verdankte. Als Richard im Sommer 1887 bei Onkel Pschorr in Feldafing zu Gast war, erwähnte Steinitzer, daß er mit dieser Dame, „die schräg gegenüber der Straße wohnt", beim Musizieren gewisse Schwierigkeiten habe. „Willst Du mich nicht gelegentlich bei ihr ablösen?" fragte er. „Die ganze Familie mit dem bayrischen General im Kriegsministerium Adolf de Ahna an der Spitze schwärmt für Deine Werke. Sie würden Dich sicher herzlich aufnehmen." Richard sagte zu und stellte schon nach der ersten Stunde fest: „Die ist viel talentvoller als Du denkst. Man muß es nur herausholen!"

Er holte es heraus. *Pauline de Ahna* wurde nicht nur die beste Interpretin seiner Lieder sondern für ihn auch die einzige „Frau von Bedeutung" und die Gefährtin seines Lebens.

KAPITEL II

Der hat noch eine große Zukunft

oder

VOM DON JUAN ZUM HELDENLEBEN

Eine grausige Dissonanzenschlacht,
in welcher die Holzbläser mit
chromatischen Terzenläufen
herunterheulen, während alles Blech
erdröhnt, alle Geigen rasen.

Eduard Hanslick
nach der Wiener Erstaufführung von
,,Tod und Verklärung“

Wieder war es Bülow, der dem jungen Genie den Weg zur nächsten Station ebnete. Auf seine Empfehlung ernannte der Weimarer Hoftheaterintendant Hans von Bronsart, ein Freund Bülows, Strauss im Herbst 1889 zum großherzoglich-sächsischen Kapellmeister. Wo einst Goethe als Theaterdirektor gewirkt, wo Franz Liszt den „Lohengrin" uraufgeführt hatte, dort konnte nun Richard Strauss zum ersten Mal seine idealen musikalischen und theatralischen Vorstellungen realisieren. „Mit den genialen Leistungen seiner Feuerseele" hielt er „das geistige und musikalische Weimar in Atem", wie *Marie Gutheil-Schoder* berichtet, die Strauss damals als 16jährige Elevin nach Weimar engagiert hatte. „Er schuf unerhörte Vorstellungen der Werke Glucks, Mozarts, Wagners . . ." – „Tannhäuser" und „Lohengrin" brachte er ungekürzt auf die Bretter – damals ein kekkes Wagnis. Auf die Frage „Was macht Strauss in Weimar?", erhielt man die Antwort: „Er macht Striche auf!"

In Weimar begegnete Strauss seinem Kameraden aus der Münchner Gymnasialzeit, *Arthur Seidl,* der gleichfalls in „Ilm-Athen" wirkte. Er erzählt, wie Richard, „herzlich, jovial, von gewinnender Liebenswürdigkeit mit jedermann aus seiner Umgebung bis hinunter zum letzten Choristen und Orchesterdiener", die Herzen aller im Sturm eroberte, aber auch wie unerbittlich er in Dingen der Kunst war und wie jede Gewissenlosigkeit in diesem Punkt seine „echt bajuvarische Grobheit" herausforderte. Als der kleine, doch recht wackere Weimarer Chor es einmal bei der Probe an der erforderlichen Aufmerksamkeit fehlen ließ, drohte er: „Wenn diese Stelle am Abend nicht rein herauskommt, so schmeiß ich euch mitten in der Aufführung den Taktstock an den Kopf!"

Im November 1889 führte Strauss in Weimar seinen „Don Juan" auf. Nach der ersten Probe schrieb er freudig an seinen Vater, daß er offensichtlich wieder Fortschritte in der Instrumentation gemacht habe: „Alles klingt famos und kommt prächtig heraus, wenn es auch scheußlich schwer ist. Die armen Hornisten und Trompeter taten mir wirklich leid. Die bliesen sich ganz blau, so anstrengend ist die Geschichte. Es ist nur ein Glück, daß das Stück so kurz ist . . ."

Von einem dieser Hornisten, der „mit Todesverachtung" geblasen hatte und nun „schweißtriefend" und erschöpft auf seinem Stuhl zusammengesunken war, vernahm Strauss den Stoßseufzer: „Du lieber Gott! Was haben wir denn verbrochen, daß du uns diese Rute geschickt hast! Die werden wir auch so bald nicht wieder los." Diese „Rute" bin ich, erläutert der Komponist in einem Brief an den Vater.

Der Erfolg der Uraufführung war „großartig", berichtete der Komponist nach Haus, „und entfesselte einen für Weimar ziemlich unerhörten Beifallssturm". In Wien aber schrieb *Hugo Wolf* im „Salonblatt": „Wie man mir erzählte, soll die Instrumentation an Raffinement alles überbieten, was bisher in dieser Art verbrochen wurde. Alle Farben auf der Palette Wagners, Liszts und Berlioz' wurden da untereinander gemischt und diesen großen Herren wegstibitzt. Nur in der großen Kunst, ohne Einfälle zu komponieren, war er auf sich allein angewiesen, und darin zeigte sich auch seine ganze Meisterschaft." Hugo Wolf hatte das Werk gar nicht gehört.

Ein paar Jahre später traf Strauss mit Hugo Wolf zufällig in einem Berliner Privathaus zusammen, aber es kam zu keinerlei Berührung. Strauss dirigierte einmal sogar Wolfs „Penthesilea“-Musik; trotzdem hielt er den Schöpfer des modernen Liedes für einen „puren Dilettanten“.

Als Hans Richter den „Don Juan“ 1892 an der Spitze der Wiener Philharmoniker dirigierte, zückte *Hanslick* wieder seine spitze Feder: „Am letzten Sonntag hörten wir ‚Don Juan‘. Nicht den von Mozart – nein, ganz im Gegenteil.“ Und nachdem er festgestellt hatte, daß gewissen Damen und Wagnerjünglingen allein bei der Erinnerung an dieses „Lustgas“ ein wollüstiger Schauer über den Rücken laufe, zog er die Summe: „Andere fanden das Ding einfach abscheulich – und diese Empfindung scheint mir die richtigere zu sein.“

Die gewaltige Belastung seiner „umfassenden Kapellmeister-, Solorepetitor-, Dekorationsmaler-, Regisseur- und Theaterschneidertätigkeit“ – so bezeichnete Strauss selbst seine damalige Arbeit in Weimar – blieb nicht ohne Folgen. Nach einer Erkältung, die er sich im Park von Tiefurt holte, erkrankte er an einer schweren Lungenentzündung und war tagelang dem Tod nahe. *Arthur Seidl* berichtet, wie sich der Freund bereits mit dem Sterben vertraut gemacht habe und was dann seinen unbedingten Willen zum Leben gestärkt hat: „Nein, erst möchte ich doch noch den ‚Tristan‘ dirigiert haben!“ – Die Nachricht von der Wiedergenesung des Kranken begrüßte Bülow mit den Worten: „Gottlob, daß Strauss gerettet ist! Der hat noch eine große Zukunft, der verdient zu leben!“

Strauss' Herzenswunsch ging bald darauf in Erfüllung. Begeistert schrieb er von Weimar an *Cosima Wagner* nach Bayreuth: „Letzten Sonntag ist denn also glücklich das größte Ereignis vor sich gegangen: ‚Tristan' mit einheimischen Kräften besetzt ohne Strich zum ersten Mal in Weimar . . . es war der schönste Tag meines Lebens!"

Schon im Sommer 1889 war Strauss auf Bülows Empfehlung zum musikalischen Assistenten der Bayreuther Festspiele bestellt worden, wo er nach eigener Angabe „täglich acht Stunden Wagner" absolvierte. Dann kam Cosima Wagner zu ihm, um den vielgerühmten Weimarer „Lohengrin" zu hören und zu sehen. Strauss hatte das Werk nicht nur musikalisch, sondern auch szenisch von Grund auf neu einstudiert. Als man ihm bei Hof die Mittel für die Neuausstattung verweigerte, erklärte er sich bereit, von seiner bescheidenen Gage 1000 Mark beizusteuern. Daraufhin wurden die Dekorationen bewilligt.

Im Sommer 1894 dirigierte Strauss in Bayreuth den „Tannhäuser", in dem seine Braut *Pauline de Ahna* die Elisabeth sang. Cosima quittierte seine Leistung mit den Worten: „Ei, ei, so modern, und dirigiert doch den ‚Tannhäuser' so gut!"

Pauline de Ahna hatte zuvor in Bayreuth als Blumenmädchen und als Hirtenknabe fungiert. Als Cosima sie dann zu ihrem bereits so berühmten Bräutigam beglückwünschte, erwiderte Fräulein de Ahna mit bajuwarischem Selbstbewußtsein: „No, unseraner is a net auf der Brennsupp'n daherg'schwommen!"

Im Juni 1890 dirigierte Strauss in Eisenach die Uraufführung seiner Tondichtung „Tod und Verklärung". Als er das bahnbrechende Werk zwei Jahre später in Leipzig dirigierte, trat ein begeisterter Jünger auf ihn zu und fragte: „Und was soll auf dieses Werk jetzt noch folgen?" Strauss erwiderte: „Jetzt holen wir uns das Wort heran!" – „Also ein Musikdrama?" rätselte der Jünger. Strauss lächelte geheimnisvoll. „Vielleicht!" – Tatsächlich trug er bereits den ersten Textentwurf seiner Oper „Guntram" in der Tasche.

Als Kommentar für die Zuhörer ließ Strauss ins Programmheft von „Tod und Verklärung" ein Gedicht von *Alexander Ritter* einfügen, worauf die Kritik konstatierte, daß sich der Komponist sklavisch an Ritters Worte gehalten habe. Tatsächlich verhielt sich die Sache gerade umgekehrt: Strauss hatte seine Sinfonische Dichtung zuerst komponiert und Ritter erst hinterher seine Verse dazu geschrieben.

Ein gesundheitlicher Rückfall – die Diagnose lautete Rippenfellentzündung – zwang Strauss erneut zu einer „schöpferischen Pause". Dank der Munifizenz von Onkel Pschorr wurde er „mit einer Reisekasse von fünftausend Mark nach Ägypten geschickt", wo er fleißig am „Guntram" arbeitete und dabei gesund wurde. Wenige Monate später folgte der schwerkranke *Bülow* seinem Beispiel. Auch er ging nach Ägypten, aber er kam nicht wieder. In einem seiner letzten Briefe heißt es: „Für Strauss stets die innigsten Wünsche in Ferne und Nähe . . . Gott schütze seine Physis, dann ist die Psyche gesichert!"

Am Weihnachtsabend des Jahres 1892 schrieb Strauss an den Schluß seiner „Guntram"-Partitur die

Worte: „Deo gratias – und dem heiligen Wagner!" Das weist darauf hin, daß er damals noch nicht um das „Gebirge" Wagner „rundumadum" gegangen war. Und das wurde seinem Opernerstling zum Schicksal. Die Uraufführung fand einen Monat vor seinem 30. Geburtstag in Weimar statt, unter Umständen, die Strauss später als einen Beweis für seine „damalige haarsträubende Naivität" bezeichnete.

Bei einer der ersten Proben des „Guntram" verpatzte der Solocellist andauernd eine heikle Stelle. Als ihn Strauss zur Rede stellte, erwiderte der Mann seelenruhig: „Och, sähen se, Herr Hofgabellmeister, die Stell bringen wa auch im ‚Drisdan' nie ordentlich 'raus!"

Das bescheidene Weimarer Orchester war den Ansprüchen der „Guntram"-Partitur nicht gewachsen. Die dritten Bläser mußten der Militärkapelle entliehen werden. Ein Pedant hat nachgezählt, daß Guntram mehr Takte zu singen hat als Tristan. Mit dieser „unsinnig anstrengenden" Partie plagte sich ein Strauss-Schüler namens Heinrich Zeller. Die weibliche Hauptrolle der Freihild sang Pauline de Ahna, mit der es bereits bei der Probe eine drastische Szene gab. Als Richard immer nur bei Zeller abklopfte, um ihn zu korrigieren, fühlte sich Pauline vernachlässigt. Die Erklärung des Bräutigams, daß bei ihr alles in Ordnung und daher kein Grund zum Abklopfen sei, ließ sie nicht gelten. Mit den Worten „Ich will aber abgeklopft haben!" schleuderte sie den Klavierauszug ins Orchester, verfehlte den Kopf ihres Bräutigams und traf, zum Gaudium der Musiker, das Pult des zweiten Geigers Gustav Gutheil, des nachmaligen Gatten der Gutheil-Schoder. Vier Monate später führte der Komponist seine wehrhafte Freihild und

Generalstochter zum Altar. Als Hochzeitsgabe bescherte er ihr vier Meisterlieder, darunter die „Heimliche Aufforderung“, die in die Unsterblichkeit eingegangen sind.

Paulines Vater, der bayrische General *Adolf de Ahna,* soll, nach dem Zeugnis der Tochter, mit der Ehe gar nicht einverstanden gewesen sein. Pauline verriet auch offenherzig den Grund. Abschätzig soll er festgestellt haben: „Sein Vater sitzt ja noch im Orchester!“ Und ein Orchestermusiker, das war offenbar selbst für den sonst recht musischen General so etwas wie ein halber Lakai.

Den Strauss-Eltern wieder war die „unüberlegte, heftige, zu burschikose, aber im Grunde seelensgute kindlich naive Art“ der Schwiegertochter ein Dorn im Auge, so daß der Sohn zu bedenken gab, „ob es nicht besser wäre, den Verkehr zwischen Euch und Pauline ganz aufzuheben“. Er stellte schließlich den Eltern anheim, „Eure ungeratene Schwiegertochter einfach aus dem Familienkalender zu streichen“.

Sie strichen sie nicht aus, und als die Ungeratene den Familienkalender mit einem kleinen Franz bereicherte, fanden sich die glücklichen Großeltern auch mit dem Enfant terrible von Mutter ab.

Der „Guntram“ verschwand bald wieder in der Versenkung. Ein Versuch, das Werk im Münchner Hoftheater, wohin Strauss 1894 zurückgekehrt war – diesmal freilich als Kgl. Kapellmeister – zum Erfolg zu führen, scheiterte kläglich. Ehe die mißglückte Aufführung zustande kam, verweigerten die Sänger ihre Partien, die Musiker streikten und sandten an „Baron Durchfall“ eine Deputation mit der Bitte, das Orchester von dieser „Gottesgeißel“ zu befreien. Der

Haustenor forderte als Bedingung für weitere Vorstellungen eine Aufbesserung seiner Pension. „Ich komme mir schon bald selber wie ein ganz schwerer Verbrecher vor", klagte Strauss verzagt. „Alles verzeihen einem die Leute eher, sogar die frechste Lüge, nur nicht, daß man geschrieben hat, wie einem ums Herz ist."

Anderthalb Jahrzehnte später stellte Strauss im Garten seines Landhauses in Garmisch ein Marterl auf, darauf stand zu lesen:

„Hier ruht der ehr- und tugendsame Jüngling
Guntram
Minnesänger
der vom sinfonischen Orchester
seines eigenen Vaters grausam
erschlagen wurde.
Er ruhe in Frieden!"

Strauss' zweites Münchner Engagement dauerte vier Jahre. Zwei Jahre leitete er auch die berühmten Odeonskonzerte, bis er den Münchner „Philistern" zu modern wurde. Diesen „Philistern" hat er später in „Feuersnot", seiner zweiten Oper, und im „Heldenleben" ein musikalisches Denkmal gesetzt. Als ihm der neue Intendant *Ernst von Possart* den Antipoden *Felix Weingartner* vor die Nase setzen wollte, machte er Schluß. „Ich hab jetzt von hier genug!", verriet er Freund Steinitzer. „Und überhaupt möcht' ich einmal was anderes; net immer nur mit'n Staberl!"

Die Münchner Musikalische Akademie feierte Jahrzehnte später im Odeonsaal den 60. Geburtstag von Richard Strauss mit einem Festkonzert unter Knappertsbusch. Der anwesende Komponist wurde vor der Schluß-Piece, dem „Don Juan", vom Publikum stürmisch hervorgerufen. Strauss betrat das Podium und sagte: „Meine Herrschaften, ich danke Ihnen und freue mich, meinen Sechziger gerade in diesem Saal feiern zu dürfen. Hier erklang das erste Werk von mir, hier habe ich zum ersten Mal öffentlich dirigiert, und aus diesem Saal entließ mich mein verehrter Lehrer *Joseph Rheinberger* mit den Worten: ‚Schade, daß Sie in das moderne Fahrwasser kommen. Sie haben so viel Talent!'"

Die eigentliche Ausbeute dieser zweiten Münchner Jahre waren drei Meisterwerke: der „Zarathustra", der „Don Quixote" und der „Eulenspiegel". Vom „Eulenspiegel" sagte *Otto Erhardt,* der Freund, szenische Mitarbeiter und Biograph von Richard Strauss: „Kaum ein anderes Kunstwerk hat es den Menschen in gleichem Maße beibringen können, daß es eine Lust ist zu leben!"

Als der Dirigent der Kölner Uraufführung, *Dr. Franz Wüllner,* den Komponisten um einige erläuternde Worte zum „Eulenspiegel" bat, erwiderte Strauss: „Es ist mir unmöglich, ein Programm zu ‚Eulenspiegel' zu geben. Was ich mir bei den einzelnen Teilen gedacht habe, würde, in Worte gekleidet, sich oft seltsam genug ausnehmen, vielleicht sogar Anstoß erregen. Wollen wir daher diesmal die Zuhörer selber die Nüsse aufknacken lassen, die der Schalk ihnen verabreicht."

Einem lästigen Frager, der nicht locker lassen wollte, erklärte er geheimnisvoll: „. . . in der Unterstimme des Kontrafagott lugt seine große Zehe hervor."

Mit gleicher Ironie verriet er später einmal im Gespräch mit Felix Mottl: „Im ‚Don Juan' hab i eine der Verführten so naturgetreu komponiert, daß jeder die roten Haar erkennen muß!"

Die Kölner knackten die Nüsse mit Vergnügen. Nicht so *Eduard Hanslick* bei der Wiener Erstaufführung des Werks in einem philharmonischen Abonnementkonzert unter Hans Richter. Er verglich das „verrückte"Scherzo mit dem Einbruch der Engländer in Transvaal, nannte es ein „Produkt der raffiniertesten Decadence", den Komponisten einen „glänzenden Virtuosen der Mache" und stellte fest: „Wieviel hübsche, witzige Einfälle tauchen darin auf; aber kein einziger, dem nicht sofort ein anderer auf den Kopf spränge, ihm das Genick zu brechen."

Noch grimmiger zog die Wiener Kritik gegen den „Zarathustra" zu Feld. Den Schlachtruf stieß Hanslick aus, den er als Motto an die Spitze seines Referates stellte: „Oh, Zarathustra! Klatsch doch nicht so fürchterlich mit deiner Peitsche! Du weißt ja: Lärm mordet die Gedanken!"

Kritiker-Kollege *Max Kalbeck* veröffentlichte im „Neuen Wiener Tagblatt" eine umfangreiche musikalische Zarathustra-Satire, worin er Richard Strauss dem Leser zurufen läßt: „Ich lehre euch den Übermusiker! Der Musiker ist etwas, das überwunden werden soll." Worauf er dann konstatierte: „Schwer ist die Oper, das Oratorium, die Symphonie, das Konzert . . . Leicht wiegen die Hirngespinste . . . des Übermusikers . . . mit dem Trarrah, Plimplam, Schnedderengdeng, Bimbam und Bumbum seiner Windpfeifen, Glocken, Pauken, Posaunen und Harfen. Denn alles dies verlangt weder nach Inhalt, noch nach einer Form, und wo Begriffe oder Melodien fehlen, da stellt sich ein Leitmotiv zur rechten Zeit ein."

Tatsächlich hatte sich Strauss im „Zarathustra" etwas ganz anderes, aber durchaus Sensationelles geleistet. In der schulmeisterlich trockenen Fuge des Abschnitts „Von der Wissenschaft“ stellte er in den geteilten Bässen eine hieb- und stichfeste Zwölftonreihe auf und entdeckte damit – zweifelsohne in spöttischer Absicht – die Dodekaphonie, zwei Jahrzehnte bevor sie von Hauer und Schönberg „erfunden“ wurde.

Selbst Hugo Wolf, der leidenschaftliche Wagnerianer und Antibrahmsianer, schloß sich dem Chor an, den die „Wagnertöter“ angestimmt hatten. Strauss hat, so berichtete er nach der Wiener Erstaufführung des „Zarathustra“ an Freund Grohe, „mit seinem wahnsinnigen Gebaren nur einen Heiterkeitserfolg erzielt, das heißt bei den Kennern, denn der süße Pöbel hat ihm natürlich zugejubelt. Für den war's ja eine ‚Hetz‘, und wo's eine Hetz gibt, da sind unsere lieben Wiener immer zu haben“.

Nicht besser erging's dem „Don Quixote“ bei den „Zünftigen“. So hieß es etwa nach der Erstaufführung in einem Münchner Blatt: „Es ist dies, von einigen lichten Momenten abgesehen, die gänzliche Verneinung dessen, was ich unter Musik zu verstehen vermag . . . An sich genommen erscheint der ganze ‚Quixote‘ einfach musikwidrig und – langweilig. Dem Titel entspricht das Werk allerdings insofern, als es ästhetisch genommen tatsächlich eine Don Quixoterie, einen Kampf mit Windmühlen und Hammelherden bezeichnet.“

Und *Romain Rolland* berichtete aus Paris: „Das Publikum erstickt vor Entrüstung . . . Die Leute sind außer sich über das Blöken von Schafen; sie glauben, man wolle sich über sie lustig machen.“ Und dann fügt er hinzu: „Dem spöttischen und verschlafenen Strauss (!) scheint alles gleichgültig zu sein.“

Dieser „verschlafene“ Strauss aber schrieb, nachdem er sein Werk zum ersten Mal selbst dirigiert hatte, an seine Mutter: „Don Quixote in Frankfurt hat mir großen Spaß gemacht . . . eine recht lustige Vorführung aller Schafsköpfe, die's aber nicht gemerkt, sondern noch darüber gelacht haben.“

Der Schriftsteller *Hans Reimann* fragte Strauss einmal ungeniert, weshalb er denn in seine Opern so viel spießige Klänge hineinkomponiere. Der Meister musterte den Frager belustigt, dann erklärte er: „Weil, wenn kane Kakophonien drin wären, a die Harmonien net so schön wären.“

1898 ließ Strauss zum zweiten Mal München hinter sich und ging als Nachfolger Felix Weingartners an die Berliner Hofoper, die ihm eine Gage von 20.000 Mark und großzügige Urlaubsbedingungen bot. Kaiser Wilhelm II. höchstpersönlich hatte ihn in die Hauptstadt des Zweiten Reiches berufen. Mit einem Zehnjahresvertrag. Aus den zehn wurden zwanzig Jahre. In seinen „Erinnerungen“ schreibt Strauss, er habe niemals Grund gehabt, die Beziehung zu Berlin zu bereuen. „Habe eigentlich nur Freude erlebt, viel Sympathie und Gastlichkeit gefunden.“

Neben Karl Muck wirkte Strauss als Erster Königlich-Preußischer Hofkapellmeister, dirigierte sich quer durch das gesamte Berliner Opernrepertoire, leitete drei Jahre lang mit dem von ihm begründeten „mittelmäßigen“ Tonkünstlerorchester reine Novitätenkonzerte –, „eine Hundearbeit neben der Oper!“, wie er später bekannte. Zum Beispiel: „11–2 Uhr ‚Don Juan‘-Orchesterprobe, 3–6 Uhr III. Bruckner-Sinfonie, abends ‚Tristan‘.“ – Nebstbei komponierte er zum Vergnügen „Seiner Allergnädigsten Majestät" krachende Militärmärsche, wofür ihm der Monarch ein paar Orden an die Brust heftete und ein paar Wochen mehr Urlaub gab. Wie *Wilhelm II.* zu den übrigen Kompositionen seines Hofkapellmeisters stand, verrät der verbürgte Ausspruch: „Die janze Richtung paßt ma nich!"

Aus seinen Berliner Tagen berichtet Strauss voll Laune: „Im Theater hab' ich viermal die Woche zu dirigieren, zweimal wöchentlich ‚Samson und Dalila' – der helle Stumpfsinn, es regt aber nicht auf, im Gegenteil, ich fühle mich körperlich so wohl wie nie, werde so dick, daß ich drei Anzüge wegwerfen muß."

Den Verlauf einer persönlichen Begegnung zwischen dem Monarchen und seinem Hofkapellmeister hat *Romain Rolland* überliefert, der den Bericht von Strauss erhalten hatte.

Er lautet: „*Wilhelm II.* läßt ihn kommen und fixiert ihn mit zusammengezogenen Brauen: ‚Sie sind auch einer von diesen modernen Musikanten?' – Richard verneigt sich. – ‚Ich habe Schillings Ingwelde gehört: das ist scheußlich; es hat keine Melodie!' – ‚Verzeihung, Majestät, es liegt eine Melodie darin, aber sie ist in der Polyphonie verborgen.' – Der Kaiser sieht ihn streng an: ‚Sie sind einer von den Allerschlimmsten.' – Wieder Verneigung. – ‚Die ganze moderne Musik ist nichts wert; sie hat keine Melodie.' – Dieselbe Gebärde. – ‚Ich habe den Freischütz lieber.' – ‚Majestät, ich habe auch den Freischütz lieber!' – ‚Verdis Falstaff ist scheußlich.' – ‚Majestät, Verdi ist 84 Jahre alt, und es ist sehr schön, wenn der Schöpfer des Troubadour und der Aida sich mit achtzig Jahren so verjüngt, daß er ein geniales Werk wie Falstaff komponieren kann.' – ‚Ich hoffe, Sie werden mit 84 Jahren bessere Musik schreiben.'"

Wilhelm II. soll sich übrigens selbst im Komponieren versucht haben, mehr schlecht als recht, was einen Ausländer zu allerlei süffisanten Bemerkungen veranlaßte. Richard Strauss, der davon hörte, stellte lakonisch fest: „Es is net sehr g'scheit, sich über die Kompositionen gekrönter Häupter lustig zu machen. Ma weiß nämlich nie, wer s' eigentlich komponiert hat!"

Karl Muck unterschied sich von seinem jüngeren Kollegen durch seine Unnachgiebigkeit und rigorose Strenge. Als sich Strauss einmal bei einer Probe in der Hofoper bei den Berliner Musikern mit all seinem Charme nicht durchsetzen konnte und eine Stelle einfach nicht nach Wunsch kommen wollte, klopfte er ab und drohte: „Wenn s' wieder patzts, so muß i den Doktor Muck hol'n!" Gelächter – das Eis war gebrochen.

Die sinfonische Dichtung „Ein Heldenleben" hob Strauss im März 1899 in Frankfurt selbst aus der Taufe. Wie sehr dieses Werk eines Mannes, „der die doppelte Kühnheit gehabt hat, nach Beethoven eine heroische Symphonie zu schreiben und sich selbst darin als Helden darzustellen", die Gemüter erhitzte, hat *Romain Rolland* überliefert, der die zweite Aufführung unter Franz Wüllner hörte und noch Jahre später ihre Wirkung höchst farbig schilderte: „Wenn diese Musik heute noch glüht, so kann man sich vorstellen, wie sie siedete, als sie gerade aus dem Rachen des Ofens kam! Die Zunge schälte sich, der Atem brannte . . . Es war einem zumute wie dem heiligen Laurentius, den man auf seinem Rost mit weißglühenden Spießen umdrehte . . . Man bäumte sich, schnappte nach Luft . . . Die markdurchdringenden Trompetenstöße schürten die Feuersbrunst. Das Wehen des Geistes entfesselte Gegenstürme, Orkane;

Städte wurden auf Leitern erstürmt, ein Völkertumult, den ein eiserner Wille lenkte. Finstere Abgründe taten sich auf, in die der musikalische Gedanke hineinzustürzen drohte; aber immer wieder sprang er mit unglaublicher Elastizität empor . . ."

Doch Zuhörer und Musiker waren verwirrt: „Das artige, aus der Fassung gebrachte Publikum hätte gerne gepfiffen. Aus Rücksicht auf den alten Wüllner zollte es Beifall, doch ging ein beunruhigendes Kopfschütteln durch den Saal. Ein Teil der Orchestermitglieder bog sich vor Lachen . . . Ich lachte nicht, ich biß die Zähne zusammen, ich zitterte am ganzen Körper; mein Herz begrüßte den jungen wiedererstandenen Siegfried."

Romain Rolland wollte dem Programm des „Heldenlebens" auf den Grund gehen. Er suchte den Komponisten persönlich auf und bat ihn, die Gestalten der sinfonischen Dichtung zu entschlüsseln, namentlich „des Helden Gefährtin, die das Publikum neugierig macht. Die einen sehen in ihr eine perverse Frau, die andern eine Kokette."

Strauss erwiderte seelenruhig: „Weder das eine noch das andere. Von beiden etwas. Meine Frau ist es, die ich darstellen wollte. Sie ist sehr kompliziert, ein bisserl pervers, ein bisserl kokett, sich selbst niemals ähnlich, von Minute zu Minute wechselnd . . ."

Die Wiener Erstaufführung des „Heldenlebens" dirigierte Strauss persönlich 1901 in einem Gastkonzert des Münchner Kaim-Orchesters, auf dessen Programm ausschließlich Strauss-Werke standen. In seiner Kritik bezeichnete *Hanslick* den Komponisten-Dirigenten als „einen sehr hübschen, schlanken jungen Mann von bescheidenem Auftreten und ruhigen, liebenswürdigen Formen" und fügte hinzu:

4 Im Bilderbuch „Berühmte Zeitgenossen", 1905

5/6 Zweimal Salome. Unten: „Warte, Johannes, dich wird man köpfen!“ – „Und dir wird’s noch schlimmer gehen: du wirst von Strauss komponiert!“

„. . . also so ziemlich das Widerspiel seiner Kompositionen."

Max Kalbeck schlug für das Werk einen neuen treffenderen Titel vor. Dabei schwankte er zwischen „Jahrmarkt in einer kleinen Stadt", „Besuch in einer Menagerie" oder „Soldatenmanöver auf okkupiertem Terrain". Beim Kapitel „Des Helden Widersacher" erkannte er, daß es zweifellos „auf andersgläubige Kapellmeister und widerborstige Musikreferenten" gemünzt sei und schloß: „Da sind wir auch dabei!"

Ein anonymer Kritiker faßte den Schock, in den das Werk die Zeitgenossen versetzte, in die Worte: „Das ist kein Heldenleben, das ist ein Hundeleben!"

Ganz anders *Vater Strauss,* der Alte, einst so Erzkonservative. Er kam mit dem kühnen Stil seines Sohnes überraschend gut zurecht. „Lieber Richard", so schrieb er ihm, „nimm mir nicht übel, wenn ich meinem beklommenen Herzen etwas Luft mache und nachstehende Bitte Dir ans Herz lege, nämlich: Vermeide in Deinen neuen Werken das Übermaß der Polyphonie . . . Gib Deinen Werken etwas mehr melodische Ruhepunkte und schärfere Einschnitte, was die Form anbelangt. Sei etwas geiziger mit dem Blech, Du wirst viel glänzendere Lichtpunkte erzielen, wenn das schwere Geschütz in der Gesamtwirkung auftritt. ‚Heldenleben', das mir übrigens sehr gefallen hat, hat mich zur vorstehenden Bitte bewegt. Glaube mir, lieber Sohn, Du hast keinen ehrlicheren Freund als Deinen Vater, der täglich den lieben Gott bittet, daß er Dir gnädig sei . . ."

Im „Widersacher"-Kapitel hat übrigens Strauss einem ganz bestimmten Kritiker, der seine Artikel mit

„Dr. Döhring" zu unterzeichnen pflegte, ein musikalisches Denkmal gesetzt. Es ist jene Stelle, bei der die Tuben zum Gequassel der Holzbläser leere Quinten brummen. Als Strauss viele Jahre später bei einer Probe des Werkes zu jener Stelle kam, ließ er plötzlich den Taktstock sinken und murmelte vor sich hin: „O mei, der is a scho lang tot . . ."

Während Richard Strauss an der Berliner Hofoper dirigierte, wetteiferte man in den vornehmen Salons darin, den Gästen als besonderen Aufputz den berühmten Meister präsentieren zu können. Als Strauss, durchaus nicht eitel auf seinen Ruhm, aber seiner selbst bewußt, nach einer Opernaufführung von einer Dame mit den Worten eingeladen wurde: „Kommen Sie doch, Herr Doktor, morgen zu uns auf einen Teller Suppe, wir machen auch gar keine Umstände", erwiderte er: „Ach, Gnädigste, wenn der Richard Strauss zu Ihnen kommt, dann können S' ruhig Umstände machen!"

Nach einem privaten Empfang wurde Strauss das Gästebuch vorgelegt mit der Bitte sich einzutragen. Strauss blätterte ein wenig zurück und las: „Mein Leben der Kunst! – Paul Lincke." Auf dem Nebenblatt stand: „Meine Kunst dem Leben! – Michael Bohnen." Kurz entschlossen ergriff er die Feder und schrieb darunter: „Weh dem, der lügt!"

Der erste Richard Strauss-Biograph *Max Steinitzer* veröffentlichte 1910 eine scherzhafte „Straussiana". Darin fand sich auch eine „philosophische Untersuchung" über den „Unmelodiker" Strauss. Im Streitgespräch versucht Herr Trampelhuber zu beweisen, daß die sinfonischen Strauss'schen Themen durchaus melodisch seien, man brauche ihnen nur entsprechende Gesangstexte zu unterlegen. Zum Beispiel den ersten sieben Takten aus dem „Heldenleben", denen sich etwa folgende Textzeilen tadellos anschmiegen: „Strauss ist ein großes Genie / Aber ganz ohne Melodie. / Oh, so hört Franz Lehár an! / Das ist doch noch ein ganz andrer Mann!"

Dieser Vierzeiler wurde in den Reihen der Orchestermusiker bald zum geflügelten Wort.

KAPITEL III

Nicht ich, das Publikum soll schwitzen

oder

VON DER DOMESTICA ZUR FEUERSNOT

Kennen Sie einen Komponisten,
der je etwas anderes komponiert hat
als sich selbst?

Richard Strauss, 1905

Im Gegensatz zu den Pultstars aller Zeiten dirigierte Strauss mit einem Minimum an Armbewegungen. Die Linke ließ er meist hängen, die Rechte schlug knapp aber präzise den Takt. Seine Auffassung, den Ausdruck vermittelte er mit den Augen. „Nicht ich soll schwitzen", sagte er einmal schmunzelnd zu *Karl Böhm*, „das Publikum soll schwitzen, wenn ich dirigiere!"

Das war bei ihm durchaus nicht immer so gewesen. Über den jungen Dirigenten berichtete ein Meininger Lokalblatt um 1885: „Herr *von Bülow* arbeitet in schwedischer Heilgymnastik . . . und der langhaarige Jüngling" – das war natürlich Richard Strauss – „macht seekranke Bewegungen."

Damals hatte Vater Strauss den Sohn brieflich beschworen:

„Lieber Richard, das mußt Du Dir abgewöhnen, es ist unschön beim Dirigieren solche Schlangenbewegungen zu machen, und namentlich bei einem so langen Menschen wie Du einer bist. Es ist bei Bülow schon nicht schön, und er hat doch eine kleine, graziöse Figur. Das Feuer zum Dirigieren liegt ganz wo anders. Derlei Dinge reizen zum Lachen und beeinträchtigen sehr bedeutend den guten Eindruck des Werkes. Die linke Hand hat beim Dirigieren gar nichts zu tun, als die Blätter der Partitur umzuwenden, und wenn keine auf dem Pult liegt, sich ruhig zu verhalten. Das Aneifern der Ausführenden durch den Dirigenten liegt in der Handhabung des Taktstockes, und im Auge . . . gewöhne Dir das Faxenmachen ab. Du brauchst es nicht . . ."

Es ist geradezu verblüffend, wie präzise Vater Strauss die später so berühmte Dirigierweise seines Sohnes „vorprogrammiert“ und wie getreulich der Sohn den väterlichen Rat befolgt hat.

Als man in Weimar Strauss den Vorwurf machte, daß er „seinen Beethoven zu subjektiv“ interpretiere, reagierte er mit den Worten: „Wenn i nur wüßt’, wie i das objektive Dirigieren anfangen soll. Davon hab i wirklich ka Ahnung!“

Während seiner Berliner Zeit lud Strauss den Kollegen *Max Reger* ein, in einem der Konzerte der Tonkünstler seine „Hillervariationen“ zu dirigieren, während er selbst sein „Heldenleben“ leitete. Nach der Aufführung bat Pauline das Reger-Paar auf ein Glas Wein in ihr Heim. „Gern“, sagte Frau Reger, „aber mein Mann muß sich erst umziehen, er hat ja keinen trockenen Faden an sich.“ Darauf Pauline triumphierend: „Und meiner kan einzigen nassen!“

Wie ungewöhnlich, ja befremdend diese Art des Dirigierens auf die Zeitgenossen wirkte, bezeugt die „Neue Freie Presse“. Als Strauss 1907 an der Spitze der Wiener Philharmoniker erstmals ein eigenes Werk, nämlich den „Zarathustra“, in Wien leitete, berichtete das Blatt seinen Lesern: „Und nun tritt ein schlanker Herr mit einer Art verklärter Apostelglatze an das Dirigentenpult – Richard Strauss, der Tondichter der ‚Salome‘ und anderer verruchter Dinge. Natürlich erwartet man von ihm auch ein entsprechendes Dirigieren, mit Hand und Füßen oder mit Ohren und Haaren, doch in gymnastischer Hinsicht enttäuscht Strauss gewaltig. Er gebärdet sich ziemlich ruhig und schlicht; ab und zu versucht er wohl ein weiter ausholendes Schwimmtempo, eine Rumpfbeuge oder Kniebeuge, allein das Ganze wirkt noch ziemlich steif und ungelenkig, etwa als ob ein Anfänger ‚müllern' würde – Gustav Mahler kann das viel besser."

Die sparsame, ruhige Zeichengebung ohne „Faxenmachen", zu der sich Strauss vor allem in seiner Berliner Zeit durchgerungen hatte, bezeichnete er selbst scherzhaft als „Dirigieren mit der Krawatte".

Neben seiner anstrengenden Komponisten- und Dirigententätigkeit fand Strauss noch Zeit, Mut und Energie, sich vehement für die genossenschaftliche Organisation der deutschen Komponisten und die Korrektur der mangelhaften Urheberrechtsbestimmungen einzusetzen. Gemeinsam mit seinem Jugendfreund *Dr. Friedrich Rösch,* einem Musiker-Juristen, gründete er 1903 die erste bahnbrechende Organisation dieser Art. Sie nannte sich „Genossenschaft deutscher Tonsetzer", was sogleich den Spott der Berliner herausforderte. Sie tauften den Titel um in „Genossenschaft deutscher Töpfermeister".

Bei dieser „Nebenbeschäftigung" hatte Strauss nicht nur gegen die Borniertheit der Behörden, sondern auch massiv gegen das sture Unverständnis der Kollegenschaft zu kämpfen. Erbittert schrieb er an *Max von Schillings:* „Jeder Komponist hat den Verleger, den er verdient. Wenn ich etwas anderes gelernt hätte – weiß Gott, ich sattelte heute noch um, um aus *der* Kollegenschaft herauszukommen!"

Als die Heidelberger juridische Fakultät Richard Strauss im Hinblick auf seine Verdienste um das Urheberrecht den Doktor honoris causa verliehen hatte, sandte der Vater an den Sohn einen Originalbrief von

Mozart mit den Worten: „Er soll Dir meine Freude über Deinen Erfolg beweisen, halte ihn in Ehren, denn es ruhte die Hand eines Musikers auf dem Papier, dessen Schöpfungen die Welt entzückten." Der Sohn widmete aus diesem Anlaß seiner „lieben Frau" die Vertonung von Goethes „Gefunden".

Wie leidenschaftlich, ja heftig Strauss werden konnte, wenn es um Dinge der Kunst und um den Schutz des geistigen Eigentums ging, zeigt seine Jahre später abgegebene Stellungnahme zur „Parsifal"-Frage. 1912 – dreißig Jahre nach der Uraufführung des Wagnerschen Bühnenweihspiels – war die Schutzfrist abgelaufen, auf Grund derer das Alleinaufführungsrecht am „Parsifal" ausschließlich Bayreuth vorbehalten blieb. Die Diskussion um die Freigabe des Werkes entfachte heftige Emotionen in der Öffentlichkeit.

Auch Strauss, der im Zuge einer Umfrage um seine Meinung gebeten wurde, machte aus seinem Herzen keine Mördergrube. „Für mich gibt es in der Parsifalfrage nur einen Richtungspunkt: Respekt vor dem Willen des Genies", stellte er zunächst sachlich fest. Und dann zog er leidenschaftlich vom Leder: „Ich habe seinerzeit den achttägigen Verhandlungen des Deutschen Reichstages persönlich beigewohnt, wo die Vertreter des deutschen Volkes, mit ganz wenigen Ausnahmen in beneidenswerter Unkenntnis der Materie, über Urheberrecht und Schutzfrist debattierten. Ich habe selbst gehört, daß ein Herr Eugen Richter in unverschämtesten Lügen die Rechte von armseligen zweihundert deutschen Komponisten – die Erben Richard Wagners miteingeschlossen – zugunsten von zweihunderttausend deutschen Gastwirten zu Boden trat. Dies wird nicht anders werden, solange das blöde Allgemeine Wahlrecht bestehen bleibt und solange die Stimmen gezählt und nicht gewogen werden, solange nicht beispielsweise die Stimme eines einzigen Richard Wagner hunderttausend und ungefähr zehntausend Hausknechte zusammen eine Stimme bedeuten . . ."

Strauss' Stellungnahme – sie erschien im „Hamburger Fremdenblatt" – erregte blanke Entrüstung. Selbst Leute, die Strauss nahe standen, distanzierten sich von ihm, so etwa die Redaktion der Münchner Wochenzeitschrift „Jugend", die einst den jungen Komponisten zu einem ihrer ersten Mitarbeiter gezählt hatte. Ein mit Strauss befreundeter Autor faßte seine Standpredigt in ein sechsstrophiges Poem unter dem Titel „Aber Richard!", das in der „Jugend" erschien und mit folgenden Versen endete:

Hast geschimpft wie ein Dragoner,
Oh, wie klang es unharmonisch.
Lieber Salome-Vertoner,
Dies war gar nicht salomonisch!
Selbst Dein Freund, voll übler Laune,
Ruft: ‚O hätt' er doch geschwiegen!'
Die politische Posaune
Bläst der Strauss zum Zahnwehkriegen!

Es war derselbe Autor, der acht Jahre zuvor in der „Jugend" im Stil von Peter Cornelius' „Barbier von Bagdad" einen scherzhaften „Hymnus" auf Strauss gesungen hatte:

Richard Strauss, Du Urgewaltiger,
Harmonievermannigfaltiger,
Allesinmusikausdrücker,
Nachwuchswahnsinnigentzücker,
Richardwagnerüberwindender,
Instrumentenneuerfindender,
Zartenervennichtverschonender,

Dehmelmörikevertonender,
Programmatischgernleitthemender,
Schwierigkeitsnichtrücksichtnehmender,
Instrumentzehnfachbesetzender,
Rückstandskritikerentsetzender,
Seinewerkeselbsterläuternder,
Indenopernsehrbayreuthender,
Nichtaufflügelntotgeleierter,
Langenichtgenuggefeierter,
Der Du wächst, gedeihst und blühst,
Richard Strauss, sei mir gegrüßt!

Strauss hat im Grunde ein Leben lang um die Anerkennung des Urheberrechts und gegen den Diebstahl geistigen Eigentums gekämpft. Als die Verlängerung der Schutzfrist für Autoren von 30 auf 50 Jahre durchgekämpft war, nicht zuletzt dank der Beharrlichkeit des Meisters, machte Strauss seinem Herzen mit einem Proklamations-Entwurf Luft, in dem es unter anderem hieß, er betrachte auch diese Verlängerung „nur als Anfang zum unbeschränkten Schutz des geistigen Eigentums, welcher als selbstverständlich die Strafbarkeit der Ausbeutung . . . des Melodienschatzes unserer großen Klassiker durch Foxtrott, Marsch und Operetten-Komponisten im Gefolge haben müßte. Bevor die Komposition eines ‚Dreimäderlhauses' nicht mit Zuchthaus bestraft wird, bleibt jede Urheberrechtsgesetzgebung ein Torso . . ."

Im April 1897 schenkte Pauline ihrem Gatten einen Stammhalter, der nach dem Großvater den Namen Franz erhielt. Sechs Jahre darauf, am Silvestertag 1903, setzte der glückliche Vater den Schlußstrich unter seine „Sinfonia domestica", die er „meiner lieben Frau und unserem Jungen" widmete. Die Uraufführrung fand drei Monate später unter seiner Leitung statt – kurioserweise in New York.

Im Frühjahr 1904 nämlich absolvierte Strauss sein erstes Dirigentengastspiel in den USA. Im Lauf von vier Wochen dirigierte er einundzwanzig Konzerte mit zwanzig Orchestern, dazu kamen „Reisen Tag und Nacht, Festdiners und alles Teufelszeug", wie er selbst berichtet. In New York wurde ein großes „Richard Strauss-Festival" arrangiert, das neben der Uraufführung der „Sinfonia domestica" auch zwei Matineen im berühmten Warenhaus Wannemaker vorsah, wo man das ganze erste Stockwerk zum Konzertsaal umfunktioniert hatte. Daß sich Strauss – gegen ein Honorar von 1000 Dollar – dazu hergab, wurde ihm von der deutschen Presse sehr verübelt, worauf er gelassen erklärte: „Wahre Kunst adelt jeden Saal, und anständiger Gelderwerb für Frau und Kind schändet nicht einmal einen Künstler!"

Von der Uraufführung der „Domestica" berichtete Strauss nach Hause: „Nach vielem Ärger mit der Anarchistenbande der New Yorker Musikanten habe ich in fünfzehn Proben mit Aufgebot von viel Energie und reichlichem Schimpfen eine glänzende Aufführung zustande gebracht . . . die Aufnahme war riesig, vielleicht acht Hervorrufe, zwei Lorbeerkränze. Auch die Kritik, die hier in New York teilweise sehr feindlich war, schwenkte ein und muß allmählich ihr Maul halten . . ."

Strauss dirigierte in New York ausschließlich eigene Werke: „Don Juan", „Zarathustra" und mehrere seiner Orchesterlieder, die zumeist Pauline sang. Im zweiten Festival-Konzert brachte er den „Don

Quixote"; den solistischen Cello-Part spielte ein unbekannter junger Musiker: er hieß *Pablo Casals.*

Nach der europäischen Erstaufführung, die zwei Monate später in Frankfurt, wieder unter der Leitung des Komponisten, stattfand, schrieb ein kritischer Witzbold über die „Domestica": „Drei Personen treten in ihr auf: der Mann, die Frau und das Kind. Nur einer ist vergessen: der Hausherr, der doch gewiß gekommen wäre und bei solchem Spektakel die Wohnung gekündigt hätte."

Nach der Wiener Erstaufführung der „Sinfonia domestica" unter Gustav Mahler 1904 urteilte *Max Kalbeck* im „Neuen Wiener Tagblatt": „Eine solche bittersüße Medizin, die auf kleinere Dosen verteilt, als ästhetisches Purgiermittel von heilsamer Wirkung sein könnte, darf nicht eimerweise genossen werden. Sonst schlägt Richard Strauss nicht mehr an. Er ruiniert die Nerven der Zuhörer und verdirbt ihnen den Geschmack . . ."

Schon Vater Strauss hatte den Sohn, der ihm vom Entstehen der „Domestica" Mitteilung gemacht hatte, vor allzu massiver Instrumentierung gewarnt: „Im Hause (domus) darf man keinen so großen Lärm machen!" In diesem Sinn empfahl Strauss einmal dem jungen Dirigenten *Karl Böhm:* „Das Blech derf ma net amol anschau'n, sonst san s' scho z'laut!"

Als man es Richard Strauss zum Vorwurf machte und es schlechthin für geschmacklos erklärte, daß er nicht nur im „Heldenleben", sondern jetzt auch noch in der „Domestica" sich selbst zum Mittelpunkt seiner Musik gemacht habe, antwortete er: „Ja, warum denn net? I find mi selber mindestens so interessant wie den Napoleon oder den Alexander!“

Schon in den Partituren der Sinfonischen Dichtungen finden sich Geigenpassagen, die im kollektiven Ensemblespiel niemals präzise bewältigt werden können. Eine Wirkung, die Strauss gewollt und miteinkalkuliert hat, wie der folgende kleine Zwischenfall beweist. 1923 probte der Meister mit den Wiener Philharmonikern seine „Sinfonia domestica“. Man kam zu einer der „unspielbaren“ Passagen. Der Konzertmeister ließ den Bogen sinken und sagte resigniert: „Herr Doktor, bei dieser Stelle kann man unmöglich jede Note spielen!“ „Natürlich nicht“, erklärte Strauss, „ich verlange ja auch gar nicht von Ihnen, daß Sie bei dieser Passage alles das spielen, was dort steht.“ – Stimme aus den hinteren Pultreihen: „Wenn das dort stünde, was wir spielen, könnten wir's ja auch nicht spielen . . .“

Bei einem Empfang fiel Strauss einmal einem Schwätzer in die Hände, der ihn mit den banalsten Schmeicheleien überfiel, wobei er ihn immer mit „Herr von Strauss“ titulierte. Schließlich wurde es dem Meister zu dumm. Er unterbrach den Mann und belehrte ihn: „Mein Name is Richard Strauss oder, wenn S' woll'n, Doktor Richard Strauss, aber net ‚von‘ . . . Oder glaub'n S', daß mi der Umgang mit Ihnen adelt?“

Seine zweite Oper, „Feuersnot“, beendete Strauss in Berlin, am 22. Mai 1901, mithin am 88. Geburtstag Richard Wagners und zu Ehren dieses „Allmächtigen“, wie er auf die letzte Partiturseite schrieb. Beim Lesen einer flämischen Sage „Das erloschene Feuer zu Oudenaarde“ war ihm die Idee gekommen, „ein kleines Intermezzo gegen das Theater zu schreiben, mit persönlichen Motiven und kleiner Rache an der lieben Vaterstadt, wo, wie vor dreißig Jahren der große Richard I., nunmehr auch der kleine Richard III. – einen ‚Zweiten' gibt es nicht, hat Hans von Bülow einmal gesagt – so wenig erfreuliche Erfahrungen gemacht hatte".

Sein Librettist, *Ernst von Wolzogen*, der Begründer des literarisch-musikalischen Kabaretts „Überbrettl", bediente ihn prompt. In seiner Brandrede gegen die Münchner Spießer singt Kunrad, der junge Liebesheld der Handlung, folgende Verse:

Sein Wagen kam allzu gewagt euch vor,
Drum triebt ihr den Wagner aus dem Tor.
Den bösen Feind triebt ihr nicht aus,
Der stellt sich euch immer aufs neue zum Strauss.

Dazu zitierte der Komponist das Thema des „Fliegenden Holländers" und das Walhallmotiv aus dem „Ring".

Um die Uraufführung der „Feuersnot" bewarben sich gleichzeitig Dresden und Wien. Als Dresden Strauss' finanzielle Forderung zu hoch fand, schrieb der Meister an den Generalmusikdirektor *Ernst von Schuch:* „Also 1500 M ist auch noch zu viel! . . . Der Teufel hole das Opernkomponieren! Ja, was wollt Ihr denn noch? Ich soll Euch wohl noch was dazuschenken? Vielleicht eine Feuerspritze? Um für Feuers(geld)-Not etwas zu löschen? . . . Ich werde mich Riccardo Straussino umtaufen und bei Sonzogno verlegen, dann bewilligt Ihr alles!"

Die Uraufführung fand doch in Dresden statt: am 21. November 1901. Ernst von Schuch stand am Pult. Zuvor hatte es – wegen des allzu freimütigen

Textes – Zensurschwierigkeiten gegeben. Einige „anstößige“ Stellen mußten gestrichen beziehungsweise gemildert werden.

Daraufhin schrieb Strauss an Schuch: „Bitte, mildern Sie nichts. Der Oper die beißende Schärfe zu nehmen, hieße ihr einen ‚Erfolg aus Mißverständnis‘ bereiten. Auf den verzichte ich gern: lieber einen kräftigen Mißerfolg und dafür dem Philisterpack ein paar tüchtige Grobheiten und wohltuende, Gehirn und Galle reinigende Impertinenzen ins Gesicht geschleudert.“

Die Uraufführung wurde ein Erfolg und die „Feuersnot“ zündete, wo immer sie über die Bretter ging. Die Münchner nahmen die „Publikumsbeschimpfung“ mit Humor zur Kenntnis – sie fühlten sich, auch wenn sie gemeint waren, halt einfach nicht betroffen – und *Vater Strauss* formulierte die musikalische Verwirrung der Zuhörer mit dem Hinweis, es sei ihm beim ersten Hören so gewesen, als hätte er „die Hosen voller Maikäfer“.

Hanebüchenen oder hochgeschraubten Reporterfragen gegenüber war Strauss allergisch. Als ihn *Oskar Bie*, der Opernkritiker des „Berliner Börsenkuriers“, einmal fragte, ob er sich bei der Komposition der „Feuersnot“ mehr tragisch oder mehr komisch eingestellt hätte, erhielt er zur Antwort: „I hab's halt so komponiert, wie's da steht!“

Nach der Uraufführung gab es im Dresdner Hotel Bellevue eine kleine Nachfeier, an der neben dem Intendanten Graf Seebach und dem Dirigenten Schuch auch der Wiener Journalist *Ludwig Karpath* teilnahm, der sein Referat bereits zwei Stunden zuvor telegrafisch nach Wien durchgegeben hatte. Da erschien plötzlich ein Postbote mit einem Manuskript im Foyer, wandte sich an Karpath und erklärte dem maßlos Bestürzten, das Telegramm konnte nicht aufgegeben werden, der Beamte hätte sich im Preis geirrt und es wären noch 5,80 Mark nachzuzahlen. Karpath schimpfte wie ein Rohrspatz, Strauss wurde aufmerksam, kam herbei und hörte, was vorgefallen war. „No, dann lassen S' mir wenigstens lesen, was S' g'schriebn hab'n!", meinte er schmunzelnd und nachdem er einen Blick in das Telegramm geworfen hatte: „Was regen Sie sich so auf, das is ja gar net Ihr Telegramm! Da lesen S': es is' an den Berliner Lokalanzeiger adressiert und von Ihrem Berliner Kollegen *Heinrich Neumann* unterschrieben!"

Karpath fiel ein Stein vom Herzen, Strauss aber griff in die Tasche, fragte lächelnd: „Was meinen S', is des Referat gut genug, daß i die fünf Mark achtzig vorstrecken soll? I werd' mir das Geld schon in Berlin einkassieren" und fertigte den Postboten ab. In dem Augenblick stürzte ein kleiner untersetzter Mann auf die beiden zu. Strauss sah ihn an und lachte: „Na also, da sind Sie ja, Neumann! Jetzt geben S' mir aber vor allem fünf Mark achtzig zurück, das übrige erfahren S' nachher!"

Karpath hat die Geschichte selbst erzählt und veröffentlicht. Warum? Weil sie, so kommentiert er „den Beweis liefert, daß Strauss niemals zur Verlogenheit selbst bedeutender Künstler Zuflucht nimmt, die darin besteht, daß man sich angeblich um Rezensionen nicht kümmert".

Die schärfste Ablehnung erfuhr das Werk überraschenderweise im fortschrittlichen Berlin, wo die Hofzensur rigoros waltete und die „Feuersnot" nach der siebenten Wiederholung auf Befehl der sittenstrengen Kaiserin abgesetzt werden mußte, worauf der Generalintendant *Graf Hochberg* sein Amt zur Verfügung stellte. Die Stimmung bei Hofe traf wohl am besten der Schreiber einer an die Intendanz gerichteten anonymen Postkarte mit dem bündigen Wortlaut: „Feuersnot!? Pfui Deibel! – Einer aus der Provinz."

Dieses „Pfui Deibel" bezog sich vermutlich auf die „unsittliche" Textstelle:
Da hilft nun kein Parlieren,
Noch auch die Klerisei:
Das Mädel muß verlieren
Sein Lirumlarumlei.

Wolzogen aber schrieb an Strauss: „Daß I. M. – nachdem sie 7 Bamsen gehabt – von Lirumlarumlei nichts mehr wissen will, glaube ich gern; aber daß Siegfried Meyer gesagt haben soll, er brauche keinen komponierenden Kapellmeister, das mag ich denn doch – trotz Siegesallee! – nicht glauben." – Zur Entschlüsselung des Briefes: I. M. =Ihre Majestät, und Siegfried Meyer=Seine Majestät Wilhelm II.

Den größten Erfolg erzielte die Wiener Erstaufführung, die Ende Jänner 1902 in der Hofoper unter Gustav Mahler stattfand. *Hanslick* hörte zwar aus der Partitur nur die „grenzenlose Angst des Autors vor allem, was Melodie ist", aber die Wiener Premierenbesucher hörten besser. Zeitgenössische Berichte sprechen von hundert Schlußvorhängen. Es hat sie aber niemand gezählt.

Der Dichter *Hermann Bahr,* der die Wiener Premiere miterlebte, schrieb gleich am anderen Morgen an den Komponisten: „Lassen Sie mich Ihnen sagen, daß der gestrige Abend zum Schönsten gehört, das ich jemals erlebt habe. Es gibt am Rhein alte Weine, durch die man in eine Trunkenheit gerät, die sich von der gewöhnlichen durch eine selige Klarheit, durch ein gesteigertes Bewußtsein, durch eine Stimmung des Fliegenkönnens unterscheidet. Ein solcher Rausch von innerer Helligkeit hat mich die ganze Nacht nicht schlafen lassen."

Eduard Hanslick kritisierte Strauss, indem er den in der „Feuersnot" sehr bedeutenden Kinderchor bewunderte: „Wir staunten, wie rein sie die widerhaarigsten Intonationen im Eingangschor sangen, ja daß sie überhaupt diese Musik auswendig zu behalten vermochten. Gibt es keinen musikalischen Kinderschutz-Verein?"

Im Anschluß an die Wiener „Feuersnot"-Premiere gab Strauss mit seiner Gattin im Bösendorfersaal einen Liederabend, der sogar die Anerkennung der gegnerischen Kritik fand. „Sie, eine geistvolle, tief musikalische Sängerin, er ein idealer Begleiter", hieß es in der „Neuen Freien Presse". Hanslick nannte Pauline die „bessere Hälfte", was Strauss, die schlechtere Hälfte, erheitert zur Kenntnis nahm.

Noch im Jahre 1947 stellte Strauss mit leiser Selbstironie fest: „Schade, daß sie sich zu früh dem schönen Beruf einer vorbildlichen ausgezeichneten Hausfrau und Mutter zugewandt hat."

Für die „bessere Hälfte" entschied sich noch eindeutiger die amerikanische Presse, die anläßlich eines späteren Liederabends der beiden Eheleute feststellte: „Frau Strauss singt die Lieder ihres Gatten so lebendig, daß man glauben könnte, sie habe sie komponiert, während er höchst gelangweilt am Klavier saß."

Wie wenig „gelangweilt“ der begleitende Komponist tatsächlich am Klavier zu sitzen pflegte, hat der Wiener Musikwissenschaftler *Alfred Orel* bezeugt, der bei einem anderen Strauss-Liederabend als Umblätterer fungierte. Als er neben dem Meister am Flügel Platz genommen hatte, raunte ihm dieser zu: „Aber in die Noten dürfen S' net schauen, denn i spiel's ganz anders!“ Und nun konnte Orel „eine Kunst des Akkompagnierens aus unmittelbarer Anschauung genießen, wie ich sie in den etwa dreißig Jahren, die seither vergangen sind, nie mehr erlebte. Solche Freiheit und dabei doch wieder höchste Genauigkeit im Anpassen an die Sängerin“ – es war diesmal Elisabeth Schumann – „dabei auch wieder ein derartiges Führen ihres Vortrages, ein solches ‚Stützen‘, dann wieder ein feinstes Wissen darum, wo sie eine Hilfe brauchte, sei es, um ihr Zeit zum Atmen zu geben, sei es, um sie nicht zum Übertreiben der eigenen Atemstütze zu zwingen, kurz, ein derart vollkommenes Einswerden von Sängerin und Begleiter war wohl unerreicht“.

Im Juni 1902 gab Strauss in Wien ein Gastspiel besonderer Art. Er erklärte sich bereit, im Prateretablissement „Venedig in Wien“ Freilichtkonzerte zu leiten. Hatte einst der Beethoven-Geiger Schuppanzigh im Prater mit seinem Quartett die späten Beethoven-Streichquartette vorgeführt, so erklangen nun auf demselben Boden der „Till Eulenspiegel“, „Tod und Verklärung“ und „Ein Heldenleben“. Als man Strauss trotzdem zum Vorwurf machte, daß er sich für Praterkonzerte hergebe, erwiderte er: „Aber warum denn nicht? Was mein großer Namensvetter Johann Strauß da in Wien so oft getan hat, derf doch wohl auch ich tun, ohne daß es mir eine Schand' macht.“

KAPITEL IV

Die Hofbusenschlange

oder

SALOME UND DIE FOLGEN

Modern! Was heißt modern?
Betonen Sie das Wort einmal anders!

Richard Strauss
zu einem Kompositionsschüler

1903 besuchte Strauss in Berlin das „Kleine Theater“ Max Reinhardts, um Gertrud Eysoldt in Oskar Wildes „Salome“ zu sehen. Nach der Vorstellung begegnete er dem Cellisten *Heinrich Grünfeld,* der meinte: „Strauss, das wäre doch ein Opernstoff für Sie!“ Darauf Strauss: „Bin bereits beim Komponieren.“

Es war der Wiener Lyriker *Anton Lindner,* der Strauss das Stück von Wilde zugeschickt und sich erbötig gemacht hatte, daraus einen Operntext für ihn zu verfertigen, wobei er gleich ein paar Anfangsverse mitsandte. Strauss zögerte lange, bis ihm eines Tages der Einfall kam: Warum komponiere ich nicht gleich ohne weiteres „Wie schön ist die Prinzessin Salome heute Nacht!“ – „Von da ab war es nicht schwer“, so erzählt der Meister später in seinen „Erinnerungen“, „das Stück so weit von schönster Literatur zu reinigen, daß es nun ein recht schönes ‚Libretto‘ geworden ist. Und jetzt, nachdem der Tanz und besonders die ganze Schlußszene in Musik getaucht ist, ist es kein Kunststück zu erklären, das Stück ‚schriee nach Musik‘. Jawohl“, fügt Strauss hinzu, „aber sehen muß man es!“

Gustav Mahler, dem Strauss von seinem neuen Opern-Vorhaben Mitteilung machte, war entsetzt und riet dringend davon ab. Aus ethischen Gründen aber auch im Hinblick auf die „wahrscheinliche Unaufführbarkeit in katholischen Ländern“. Strauss ließ sich nicht beirren. Als er im Mai 1905 beim Elsässischen Musikfest in Straßburg, wo er seine „Domestica“, Mahler seine „Fünfte“ dirigierte, wieder mit dem

Kollegen zusammentraf, hatte er die „Salome"-Partitur bereits vollendet und spielte Mahler als einem der Ersten daraus vor. Er war sehr heiter und mitteilsam, wie *Alma Mahler* berichtet, die diese Begegnung überliefert hat. „Strauss spielte und sang unvergleichlich gut. Mahler war hingerissen."

Als man bei Salomes Tanz angekommen war, unterbrach Strauss und sagte: „Des hab i no net g'macht!" Und als Mahler zu bedenken gab, daß es doch gefährlich sei, ein solches Kernstück für den Schluß aufzusparen, wo die Arbeitsstimmung bereits nachzulassen pflege, erwiderte Strauss lachend: „A, des krieg i scho hin!"

Alma Mahler schließt: „Aber er hat es nicht hingekriegt, denn der Tanz ist das einzig Schwache in dieser Partitur."

Ihr Urteil ist dabei freilich nicht ganz so kompetent wie das ihres Gatten, der anläßlich eines Berlin-Aufenthaltes 1907 sich die „Salome" gleich zweimal hintereinander anhörte und nachher feststellte: „Mein Eindruck hat sich immer noch verstärkt, und ich bin fest durchdrungen davon, daß das eines der größten Meisterwerke unserer Zeit ist."

Die „Salome"-Uraufführung ging am 9. Dezember 1905 im Königlichen Opernhaus Dresden unter Ernst von Schuch in Szene und wurde zu einem historischen Triumph für Strauss. Die Presse berichtete von der atemlosen Spannung „einer europäischen Elite künstlerisch interessierter Zuschauer" und von einem „unbeschreiblichen Erfolg, der an vierzigmal oder mehr alle Beteiligten . . . danken ließ" und sie zog die Summe der Eindrücke mit den Worten: „Eine revolutionäre, geistsprühende Musik in einer selbstverständlichen Schönheit."

Bei der Einstudierung aber war es zu allerlei Schwierigkeiten gekommen. Zur ersten Leseprobe mit Klavier hatten sich zwar alle Solisten eingefunden, aber nur mit der festen Absicht, ihre Partien zurückzulegen. Als Strauss zuletzt auch den bis dahin schweigsamen Tenor *Karl Burrian* befragte, der den Herodes singen sollte, antwortete dieser trocken: „Ich kann es schon auswendig." Strauss sagte nur: „Bravo!" Und damit war das Eis gebrochen.

Schwieriger wurde es mit der Sängerin der Titelpartie, der Dresdner Heroine *Marie Wittich*, die zwar eine große Stimme, aber durchaus keine Salome-Figur besaß, was Strauss jedoch nicht sonderlich irritierte. „Frau Wittich hat sich wohl im Sommer einen tüchtigen Bauch hergemästet?", schrieb er an Schuch. „Schadet nichts! Stimme, Horatio, Stimme und wieder Stimme. Alles andere ist – Bauch. Entschuldigen Sie, daß ich so aufgekratzt bin, mich hat die ganze Nacht ein biederer Hotelfloh gebissen."

Als sich Frau Wittich nicht und nicht zum Studium ihrer Partie bequemen wollte, verlor Strauss seine gute Laune und seine Geduld. „Daß die Partie der Salome in 4 Wochen nicht zu erlernen ist", schrieb er an den Dirigenten, „habe ich Ihnen schon vor 3/4 Jahren gesagt. Nun haben wir die Bescherung . . . Bedenken Sie doch, was für mich bei einer solchen Uraufführung auf dem Spiel steht! . . . Hier heißt's doch: alle Mann an Bord!"

Gleichzeitig wurde ihm klar, wer eigentlich dahinter steckte: Keine Geringere als *Cosima Wagner*. Sie hatte Marie Wittich als Isolde nach Bayreuth verpflichtet und wollte, praktisch gleichzeitig mit den „Salome"-Proben, die Wagner-Partie mit der

7 Der Tanz der Salome. Pariser Ansichtskarte aus dem Jahre 1907

8/9 Sonderzüge: Oben zur Dresdner Uraufführung, unten zur Strauss-Woche in Wien

Heroine einstudieren. Durch das Tauziehen kam es zu Spannungen zwischen Strauss und Bayreuth. Als sich Cosima dann von Strauss am Klavier die „Salome“ vorführen ließ, stellte sie entrüstet fest: „Das ist Wahnsinn!“ Und sie fügte resigniert hinzu: „Na ja, Sie sind also fürs Exotische – Siegfried ist eben fürs Populäre.“ Worauf Strauss nichts sagte als: „Geh bum!“

1911 erschien im „Simplicissimus“ eine Karikatur von Th. Th. Heine. Sie zeigt Richard Strauss als Eulenspiegel mit Ziehharmonika, diversem Schlagzeug und Grammophon bewaffnet, ihm gegenüber den zerknitterten *Siegfried Wagner* mit einer Kindertrompete, der wehklagt: „Mensch, hören Sie doch auf! Sie machen einen solchen Spektakel, daß man seinen eigenen Wagner nicht mehr versteht!“

Romain Rolland, der Freund und Bewunderer von Richard Strauss, aber nannte in seinem Roman „Jean-Christophe“ die „Salome“ das „gräßliche Meisterwerk mit einer zur jüdischen Prostituierten gewordenen Isolde“.

Siegfried Wagner konnte es nicht verwinden, daß Richard Strauss mit seinen Bühnenwerken mehr Erfolg hatte als er mit den seinen. In einem Interview, das 1911 in einer Zeitschrift erschien, obwohl es durchaus nicht für die Öffentlichkeit bestimmt war, machte er seinem neidvollen Herzen Luft, sprach von der „ekelhaften Salome“, von der „Verhöhnung des Sophokles“ durch die Elektra, von der Verunreinigung der Opernbühnen durch Richard Strauss: „Kann das Kunst sein, was Strauss seinem Publikum bietet? Ist es Aufgabe der Kunst, die bösesten Neigungen der Menschen, ihren Hang zur Sinnlichkeit, zur Lüsternheit auszubeuten? Seit wann ist Kunst identisch mit Schmutz? . . . Der Komponist spekuliert auf die unlautersten, niedrigsten Triebe seiner Zuhörer, nützt sie aus, um Geld zu machen . . ."

Der negative Hymnus endet mit der Feststellung: „Es muß auch gemeine Texte, gemeine Musik geben – für Menschen, die das brauchen. Aber die Halbwelt bleibe doch gefälligst unter sich, und man wage es doch nicht, auf einen anständigen Tisch Gerichte zu bringen, die von Bazillen wimmeln, Gift allerschlimmster Art."

Als Siegfried Wagner daraufhin von Reportern überfallen wurde, bekannte er, daß er außer „Feuersnot" überhaupt keine der Strauss-Opern gehört habe. Richard Strauss aber, der mit keinem seiner Textdichter per Du war – nicht einmal mit Hofmannsthal – wohl aber mit Siegfried Wagner, erklärte noch nach vielen Jahren gemütlich: „I war allerweil nur mit meine Feind per Du."

Von den ersten Arrangierproben der „Salome" erzählt Strauss, daß sich *Marie Wittich,* übrigens die Ehefrau eines prominenten Dresdner Stadtrates, „der man wegen der anstrengenden Partie und wegen des dicken Orchesters die sechzehnjährige Prinzessin mit der Isoldenstimme" anvertraut hatte – und der Komponist setzt bei seiner Erzählung die ironische Selbstbezichtigung in Parenthese: „so etwas schreibt man halt nicht, Herr Strauss: entweder oder" –, daß also Frau Wittich sich wiederholt gegen die „Zumutungen" des Regisseurs zur Wehr gesetzt habe. „Mit dem entrüsteten Protest einer sächsischen Bürgermeistersgattin" erklärte sie: „Das tue ich nicht, ich bin eine anständige Frau!"

Die öffentliche Generalprobe zur „Salome"-Uraufführung unter Ernst von Schuch fand in Anwesenheit des Komponisten statt. Der Schock, den die Musik auslöste, war so groß, daß nach den letzten Orchesterschlägen („Man töte dieses Weib!") minutenlange atemlose Stille im Zuschauerraum eintrat und niemand den Mut fand, mit dem Beifall zu beginnen. Da erhob sich Strauss, drehte sich zum Publikum und sagte laut: „Also, i weiß net, mir hat's g'fall'n!" Daraufhin tosender Applaus.

Zur Dresdner Uraufführung der „Salome" fand sich auch Kaiser *Wilhelm II.* ein, dem das Werk durchaus mißfiel. Nach der Vorstellung äußerte er sich zum Generalintendanten: „Ach, wissen Se, ik habe ja den Strauss janz gern. Aber die ‚Salome' hätte er besser nicht schreiben sollen. Det wird ihm scheußlich schaden!"

Als man dem Meister später die besorgte Äußerung Seiner Majestät hinterbrachte, stellte er gelassen fest: „Siehgst, und von dem Schaden hab i mir mei Villa in Garmisch 'baut."

In der Hofloge empfing der Monarch auch den Dirigenten der Uraufführung, Ernst von Schuch, dem er mit Bezug auf Strauss' langjährige Berliner Tätigkeit sagte: „Na, da habe ik ja 'ne schöne Schlange an meinem Busen jenährt!" Dieses Kaiserwort machte die Runde und bald nannte ganz Berlin den „Salome"-Komponisten nur noch die „Hofbusenschlange".

Der triumphale Erfolg der „Salome" verbreitete sich wie ein Lauffeuer. Innerhalb von drei Wochen hatten nicht weniger als zehn Direktionen das Werk erworben. Die Gemüter erhitzten sich und die Moralisten wurden aktiv. Unter dem Titel „Gehört die ‚Salome' auf die Königliche Opernbühne?" proklamierte die Berliner „Post": „. . . nun heißt die Losung: Fort mit der Salome! Und in Zukunft verschone man uns doch mit solchen traurigen Machwerken!"

Die „Kreuz-Zeitung" engagierte sich mit religiöser Empörung: „. . . jetzt ist die sexuelle Psychiatrie das Ideal aller wahrhaft modernen Leute . . . Man sollte meinen, daß der Täufer doch zu hoch stehe, um als Gegenstand der geilen Lüste einer pathologisch veranlagten Dirne benutzt zu werden; aber was ist denn solchen ‚Modernen' noch heilig? Und diesen Stoff, den man doch füglich den Gynäkologen überlassen sollte, wählte Herr Strauss sich zur Komposition! . . . Mögen die Kommentare des Werkes auch noch so viel von dem verklärenden Schimmer faseln, mit dem die Musik Jochanaan und Christus umgebe: Es ist nicht wahr! Beide kommen im Gegenteil recht kümmerlich weg, wogegen Herr Strauss sich heiß bemüht hat, die Narretei des neurasthenischen Hanswursts Herodes, die geilen Perversitäten der Salome, das Gemauschel der fünf Juden und dergleichen, in den glänzendsten Farben zu malen . . ."

Daß die moralische oder besser religiöse Empörung der „Kreuz-Zeitung" nicht ganz unbegründet war, hat Strauss drei Jahrzehnte später indirekt in einem Schreiben an Stefan Zweig bestätigt: „Ich wollte in ‚Salome' den braven Jochanaan mehr oder minder als Hanswursten komponieren. Für mich hat so ein Prediger in der Wüste, der sich noch dazu von Heuschrecken nährt, etwas unbeschreiblich Komisches. Und nur weil ich die fünf Juden schon persifliert und auch Vater Herodes reichlich karikiert habe, mußte ich mich nach den Geboten des Gegensatzes bei Jochanaan auf den 4-Hörner-Schulmeister-Philisterton beschränken . . ."

Nach der Uraufführung der „Salome" erschien in den „Lustigen Blättern" eine Karikatur. Sie zeigt die leichtbekleidete, schleierschwingende Titelheldin und daneben den bärtigen Propheten Jochanaan mit erhobenem Zeigefinger. Darunter stand zu lesen: „Warte, Johannes, dich wird man köpfen!" – „Und dir wird's noch schlimmer gehen: du wirst von Strauss komponiert werden!"

Auch die Berliner Wochenschrift „Jugend" brachte eine „Salome"-Karikatur, allerdings in gepflegtem Jugendstil, und dazu den Stoßseufzer der Titelheldin: „Oh, wenn ich eine Ahnung gehabt hätte, ich hätte das Haupt des Richard Strauss verlangt!"

Die Berliner Reichsbahn richtete eigene „Salome"-Sonderzüge nach Dresden ein, wobei sie den Passagieren eine Hin- und Rückreisekarte II. Klasse samt Parkettsitz zu sechzehneinhalb Mark anbot.

Bei den letzten Proben einer „Salome"-Aufführung in einer deutschen Provinzstadt sah Strauss persönlich nach dem Rechten und hatte seine liebe Not mit dem ebenso mittelmäßigen wie dickfelligen Dirigenten. Als der Mann seine falschen Tempi beibehielt, fuhr ihn Strauss verärgert an: „Jetzt sagen S' amol, wer hat denn die Oper komponiert, Sie oder ich?!" – Darauf der Kapellmeister beleidigt: „Gott sei Dank, Sie!"

Als in Wien Kardinal Piffl persönlich gegen das Werk Stellung nahm, veröffentlichte „Die Zeit" eine

Rundfrage über das brisante Thema. Die Antwort von *Max Reger,* der durchaus kein Strauss-Anhänger war, lautete: „Ich bin nicht der Meinung, daß das sittliche oder religiöse Empfinden auf irgendeine Art durch die ‚Salome' verletzt wird. Und wer schließlich durch die ‚Salome' seine Religion verliert, hat schon vorher keine gehabt."

Die musikalischen Kühnheiten in der „Salome"-Partitur gaben zu heftigen fachlichen Diskussionen Anlaß. Auf die Frage eines „Zünftigen" erteilte Strauss die Antwort: „Der Wunsch nach schärfster Personencharakteristik brachte mich auf die Bitonalität, da mir für die Gegensätze Herodes – Nazarener eine bloß rhythmische Charakterisierung, wie sie Mozart in genialster Weise anwendet, nicht stark genug erschien. Man kann es als ein einmaliges Experiment an einem besonderen Stoff gelten lassen, aber zur Nachahmung nicht empfehlen."

Ein Superkluger wußte genau, was Richard Strauss zur Wahl des Wilde-Textes veranlaßt hat: „Ein geistreicher, aparter Kerl, dieser Wilde", so ließ er den Komponisten kalkulieren, „und ich, Richard Strauss, doch auch ein Kopf, in dem was steckt. Außerdem liegt mir der Stoff mit seiner schwülen, angefaulten Erotik. Wir zwei addiert – das muß ein Plus ergeben."

Karl Böhm soll es gewesen sein, der einmal Strauss darauf hinwies, daß sich sein „Salome"-Thema bereits in Rossinis „Barbier" findet, worauf Strauss lachend erwiderte: „Weiß ich, weiß ich. Aber es gibt doch so viel unbekannte gute Musik auf der Welt – warum soll man sie net no amol verwenden?"

Die Kreise um Cosima stellten sich eindeutig auf die Seite der „Salome"-Gegner. Strauss nahm das gelassen zur Kenntnis: „Bayreuth macht (welche Ehre!) bereits energisch gegen den neuen Dramatiker mobil (heiliger Wagner, wenn du wüßtest, wie dich deine Erben unterschätzen!). Thode hat in einem Vortrag hier gestern feierlich entrüstet gegen die Entweihung der Musik als Schilderin der Perversität protestiert. Ich fühle mich kolossal geschmeichelt!"

Hildegard Ranczak, Starsopran der Münchner Staatsoper, lebte sich derart in die Rolle der Salome ein, daß sie bei der Tötung des Jochanaan die erregte Frage „Warum schreit er nicht, der Mann?!" entgegen der vorgezeichneten Gesangslinie gellend hinausschrie. Strauss unterbrach und ersuchte die Sängerin, sich an die Noten zu halten. Darauf die Ranczak in höchster Erregung: „Wenn da drunten einem der Kopf abg'haut wird, kann ich doch nicht Belkanto singen!" Strauss wiegte sein Haupt: „Eigentlich hab'n S' recht . . ." Es blieb beim Schrei.

Heinrich Conried, der vom kleinen schlesischen Schauspieler zum Direktor der New Yorker Met emporgestiegen war, brachte im Jänner 1907 die „Salome" zur amerikanischen Erstaufführung. Die New Yorker Presse war einhellig in ihrer Empörung. Die Reaktion des puritanischen Publikums schilderte *W. P. Eaton* in der „Tribune": „Kaum ein Wort konnte man hören, als die Zuhörer das Theater verließen. Die meisten Gesichter waren weiß wie Kreide. Die Ladys trauten sich überhaupt kein Wort zu sprechen und die Herren redeten so geheimnisvoll, als ob sie eben aus einem entsetzlichen Traum aufgewacht wären. Die meisten standen noch im Bann eines schrecklichen Erlebnisses."

Ein angesehener New Yorker Musikschriftsteller namens *Krehbiel* schrieb vom „moralischen Schmutzgestank, mit dem die ‚Salome' die Nasen der Menschheit füllt".

Die „Salome" mußte auf Beschluß des Verwaltungsrates der Met – an deren Spitze der Hauptmäzen des Hauses, der finanzgewaltige J. Pierpont Morgan – sofort abgesetzt werden. Erst zwei Jahre später wagte *Oscar Hammerstein* im Manhattan Opera House eine Wiederaufführung. Und diesmal gab es keinen Schock, weder beim Publikum noch bei der Presse. Im Gegenteil, die lokalen Kritiker stellten fest: „Diese Partitur, die eine Langeweile sondergleichen auslöst, ist die Mühe keineswegs wert, die man darauf verwendet hat!"

Viele Jahre später hat Strauss über die Darstellung der „Salome" dekretiert, daß sich „im Gegensatz zu der allzu aufgeregten Musik" das Spiel der Darsteller auf größte Einfachheit beschränken müsse. „Toben auf und vor der Bühne zugleich ist zuviel! Das Orchester allein genügt dafür!"

Als Strauss etwa um die gleiche Zeit in einem Interview von einem Journalisten gebeten wurde, das Geheimnis der letzten „Salome"-Szene zu deuten, erwiderte er: „Wie Sie den Schluß deuten wollen, überlasse ich Ihrem Empfinden – er ist wohl unergründlich, wie die Natur der Frau überhaupt, und so ganz weiß ich es wohl selber nicht, sonst wäre ich wahrscheinlich kein Künstler, sondern – Journalist."

Als sich Strauss wieder einmal bei einer Bühnenprobe der „Salome" mit dem Regisseur über eine Szene nicht einigen konnte, bemerkte er nicht ohne

Selbstironie: „I erfahr immer erst vom Regisseur, was i mir bei einer neuen Oper eigentlich denkt hab!"

Wie populär die „Salome" bald wurde, erweist die Tatsache, daß schon kurze Zeit nach der Uraufführung eine Parodie erschien: „Die lustige Salome – Parodistische Oper nebst einem Vorspiel von P. Filucius." Die fidele Prinzessin entschließt sich, auf Anraten von Papa Herodes und Mama Herodias, im Hinblick darauf, daß die Ehe mit einem kopflosen Jochanaan nicht sehr lustig wäre, den feschen Hauptmann Narraboth zu heiraten. Und der vergnügte Papa läßt zu Walzermusik von Johann Strauß-Vater – denn: „Der ist frei und kostet kein Honorar" – als Hochzeitsgeschenk vom Scharfrichter auf einer Blechschüssel einen knusprigen Schweinskopf servieren.

Die österreichische Erstaufführung der „Salome" fand, trotz verzweifelter Bemühungen Gustav Mahlers, nicht in der Wiener Hofoper, wo die Zensur-Obrigkeit den Stoff für hofunfähig erklärt hatte, sondern in Graz statt. Nach einer der Wiederholungen, die Strauss selbst dirigiert hatte, gab es beim „Elefanten" eine gemütliche Nachfeier im Freundeskreis, dem auch der „Evangelimann"-Komponist *Wilhelm Kienzl* angehörte. Natürlich wurde über das schwierige Werk heftig diskutiert. Meinte ein Freund zu Strauss: „Also, bevor mich einer dazu bringt, die Partie der Salome auswendig zu lernen, schieß' ich mir lieber a Kugel durch'n Kopf!" – Strauss nahm einen kräftigen Schluck Bier, wischte sich den Mund und sagte: „Ich auch!"

Mit der „Salome" kam Strauss' latente Theaterleidenschaft jäh zum Durchbruch. Auf der eifrigen Suche nach einem neuen Opernstoff soll er im Gespräch mit *Karl Schönherr* so leichthin die Frage aufgeworfen haben, ob nicht dessen Schauspiel „Glaube und Heimat" ein wirksames Libretto ergäbe, worauf Schönherr heftig protestierte: „Ausgeschlossen! Dazu gebe ich nie meine Zustimmung. Ich lasse mir von Ihnen nicht meine Tiroler Bauern verschandeln!"

Das 104-Mann-Orchester der „Salome" mit seinen vielfach geteilten Streichern, neunzehn Holzbläsern, fünfzehn Blechbläsern und vier Pauken, mit Harfen, Celesta, Harmonium, Orgel und einer mächtigen Schlagzeugbatterie erregte heftige Diskussionen. „Wir finden diesen Tonkörper sehr lückenhaft", stellte ein Kritiker fest, „und erwarten, daß Richard Strauss bei seiner nächsten Oper noch folgende Musikinstrumente verwende: vier von den neuen Schnellzugslokomotiven mit Doppelkessel (auf den Fis-Moll-Akkord gestimmt), drei Dampfnebelhörner (im fünfgestrichenen C) und eine Batterie von 15-cm-Haubitzen für die Verstärkung der Paukeneffekte."

Den Musikern, die etwas mutlos vor den Schwierigkeiten der „Salome"-Partitur saßen, erklärte Strauss: „Aber meine Herren! Nur keine besonderen Komplikationen in der Oper suchen! Im Grund' is die ‚Salome' nix anderes wie ein Lustspiel mit tödlichem Ausgang!"

In der Pause einer Grazer „Salome"-Probe trat ein Oboist an Strauss heran, hielt ihm seine Stimme unter die Nase, zeigte auf eine schwierige rasche Passage und beklagte sich: „Herr Doktor, das geht vielleicht auf dem Klavier, aber niemals auf der Oboe!" – Strauss legte dem Mann die Hand auf die Schulter und erwiderte gemütlich: „Trösten S' Ihna, auf'm Klavier geht's a net!"

Bald nach der Premiere machte in Wien das Bonmot die Runde: „Wenn Richard, dann schon lieber Wagner, wenn aber Strauss, dann lieber Johann!"

Die „Urfassung" dieses Bonmots stammt übrigens aus Berlin. Es fand sich 1908 in den „Lustigen Blättern":

So äußerte ein Vielverschlag'ner,
Als jüngst das Kunstgespräch begann:
Wenn Richard, dann schon lieber Wagner,
Und wenn schon Strauß, dann lieber Johann!

Woraus *Bülow* den Schluß zog, seinen Schützling Richard Strauss gelegentlich als „Johann Wagner" zu apostrophieren.

Gegen Lobhudeleien und bombastische Phrasen war Strauss allergisch. Als er nach dem rauschenden Erfolg der „Salome"-Uraufführung in seinem Dirigentenzimmer von einem Begeisterten aufgesucht und mit den Worten überfallen wurde: „Sie Glückspilz! Fürchten Sie nicht den Neid der Götter? Bringen Sie rechtzeitig ein Opfer wie Polykrates . . .!", zog Strauss seinen Ehering vom Finger, klingelte dem Garderobier und sagte zu ihm: „So, und jetzt bringen S' mir a Schaffel Wasser!"

KAPITEL V

Ein furchtbares Paar

oder

VON DER ELEKTRA ZUM ROSENKAVALIER

Für wen komponiert man eigentlich,
wenn nicht für die geistige Minorität?
Richard Strauss an Karl Böhm

Wieder war es die Schauspielerin *Gertrud Eysoldt*, die Richard Strauss indirekt und ohne es zu ahnen, zu einem neuen Opernlibretto verhalf. Er besuchte im „Deutschen Theater" Berlin eine Vorstellung von Hofmannsthals „Elektra", deren Titelrolle die Eysoldt kreierte, und erkannte spontan „den glänzenden Operntext (der es nach meiner Umarbeitung der Orestszene tatsächlich geworden ist)", wie Strauss später berichtet. Er hatte *Hofmannsthal* bereits 1900 in Paris kennen gelernt, nun schrieb er an den Dichter: „Ich habe nach wie vor die größte Lust auf ‚Elektra' und habe mir dieselbe auch schon ganz schön zum Hausgebrauch zusammengestrichen." Und später: „Ihre Art entspricht so sehr der meinen, wir sind für einander geboren und werden sicher Schönes zusammen leisten, wenn Sie mir treu bleiben."

Als Strauss für die Erkennungsszene zwischen Elektra und Orest von Hofmannsthal noch „ein paar schöne Verse" erbat und dieser ihn prompt belieferte, schrieb der Komponist begeistert zurück: „Ihre Verse sind wunderschön und bereits komponiert. Sie sind der geborene Librettist, in meinen Augen das größte Kompliment, da ich es für viel schwerer halte, eine gute Operndichtung zu schreiben, als ein schönes Theaterstück. Sie werden natürlich anderer Ansicht sein und haben dabei ebenso recht wie ich!"

Wieder wurde die Dresdner Hofoper als Uraufführungsstätte vorgesehen, *Schuch* erhielt die Versicherung: „Daß ich Ihnen treu bleibe, darauf können Sie fest rechnen trotz aller klingenden Versuchungen!" Im Frühling 1908 notierte Hofmannsthal: „Heute hat mir Richard Strauss große Teile aus der ‚Elektra' vorgespielt und gesungen. Es ist sehr schön und die Dichtung gewinnt dabei statt zu verlieren." – Sechs Monate später erhielt Schuch aus Garmisch den Bescheid: „‚Elektra' ist fertig und der Schluß saftig geworden!"

Die ersten „Elektra"-Proben fanden in Abwesenheit des Komponisten statt. Strauss schrieb aus der Entfernung an Schuch: „Wie laufen die Orchesterproben? Ist's schwerer als Salome?" Und nachdem er Antwort erhalten hatte: „Also Holzbläser Elektra sind wieder so schwer? Zum Teufel! Und ich bemühe mich so sehr, leichter und einfacher zu schreiben."

Um diese Zeit faßte der Konzertmeister des Dresdner Hofopernorchesters seinen Kummer in den Schüttelreim: Im neuen Werk von Richard Strauss / Da krieg ich nie die Strichart 'raus!

Etliche Wochen später belehrte der Oboist des Wiener Hofopernorchesters, *Johann Strasky*, nach einer „Elektra"-Probe einen jüngeren Kollegen, der wissen wollte, wie man denn eine derart verzwickte Passage spielen sollte: „Da brauchen S' nur die Löcher aufmachen. Den Unterschied hört eh niemand!"

Und bei einer langen, anstrengenden Tutti-Stelle riet er seinem Kollegen: „Da muß ma nur an roten Kopf kriegen und so ausschau'n, als ob man blasert!"

Während der ersten Kostümprobe in Dresden saß Strauss im verdunkelten Parkett neben dem Regisseur und dem Bühnenbildner und überwachte die Aufführung. Gleichzeitig aber hantierte im Zuschauerraum ein Tapezierer, der auftragsgemäß für die bevorstehende Premiere das Gestühl überholte, wobei er einen Sitz nach dem andern umklappte.

Durch das Geräusch irritiert, klopfte *Schuch* ab, drehte sich um und rief verärgert ins Auditorium: „Was ist denn los, zum Teufel?! Was sucht denn der Mann da in einem fort . . .?!“ Eisige Stille. Dann ertönte Strauss’ Stimme aus dem Dunkel: „An Dreiklang!“

Bei einer der letzten Proben zur „Elektra“-Uraufführung sagte der anwesende Komponist plötzlich zum Dirigenten: „Gehn S’ Schuch, lassen S’ mich einmal dirigieren!“ Die beiden tauschten Platz und Strauss begann „mit dem Staberl“. Alles ging zunächst gut, doch bald war der Meister von seiner Musik derart gefangen, daß er aufs Taktschlagen vergaß. Ein Umschmiß war die Folge. Darauf Strauss: „Schuch, kommen S’ wieder her. Komponieren hab’ i’s können, aber dirigieren kann i’s no net.“

Die Uraufführung in Dresden fand am 25. Jänner 1909 unter Schuch statt und wurde ein „anständiger Achtungserfolg“, wie Strauss später in seinen „Erinnerungen“ festhielt. Die Kritiker sehnten sich plötzlich nach der „Salome“ zurück: „Wie schön war die Prinzessin Salome!“ Wobei die Berliner Presse wieder den Vogel abschoß, indem sie unter anderm konstatierte, „daß Strauss nicht einen einzigen wirklichen Einfall hatte“. Der Adjutant Wilhelms II. sammelte die Verrisse und schickte sie an den Generalintendanten mit den Worten: „S. M. ist überzeugt, daß Sie mit diesen Herren übereinstimmen.“

Nach der „Elektra“-Premiere meinte Strauss verschmitzt lächelnd: „I hab halt scho a Pech! Allerweil is in meine Opern Nacht; z’erst bei der ‚Feuersnot‘, dann bei der ‚Salome‘ und jetzt a no bei der ‚Elektra‘!“

Ernestine Schumann-Heinck, die Klytämnestra der Dresdner Uraufführung, schilderte Jahre später in einem New Yorker Interview, wie sie damals ihre Partie durchlitten hatte: „. . . ich ließ mich bereden, die Klytämnestra in der ‚Elektra' zu singen. Nie wieder im Leben. Es war einfach furchtbar. Wir waren da auf der Bühne lauter verrückte Weiber, ja wahrhaftig, das ist das richtige Wort . . . Fast ebenso erging es dem Publikum, das atemlos dasaß. Die Leute gingen weg; sie konnten nicht essen, nicht schlafen, nicht sprechen. Jetzt wissen Sie, was ich bei dieser Klytämnestra gelitten habe. Wenn mir Mr. Hammerstein für die Klytämnestra dreitausend Dollar pro Vorstellung anbieten sollte – ich würde ablehnen. Und dreitausend Dollar ist viel Geld für mich, denn Sie wissen, ich habe einen Haufen Kinder."

Nach der Uraufführung erschien in den „Fliegenden Blättern" eine Karikatur von *Ernst Stern.* Sie zeigt Hofmannsthal im Handgemenge mit Sophokles, daneben Strauss, der, die große Trommel umgehängt, mit dem Schlägel lustig auf den griechischen Dramatiker eindrischt und darunter die Worte: „Ein furchtbares Paar. Wen der erste ‚bearbeitet' hat, den ‚vertont' sofort der zweite!"

Etwas zahmer war die Karikatur in den „Lustigen Blättern". Sie zeigte einen ekstatischen „Elektra"-Dirigenten und darunter stand der Vierzeiler:

Die alte Kunstform ist zu End',
Man hört sie in den Fugen krachen.
Und dennoch ist es evident,
Daß – Sophokles nicht totzumachen.

Dieselbe Zeitschrift brachte in einer späteren Nummer die „Königliche Repertoire"-Meldung:

An einem Abend „Sardanapal",
Da schläft man unüberwindlich;
Am folgenden Abend „Elektra"-Skandal,
Da wird man geweckt, aber gründlich!

Und wieder ein anderes Mal berichteten die „Lustigen Blätter" von einem „spanischen Experiment" im Madrider Opernhaus. Dort habe man „Salome" und „Elektra" gleichzeitig aufgeführt. „Und zwar so: Die eine Hälfte des Orchesters spielte ‚Salome', die andere ;Elektra', und kein Mensch hat's gemerkt." – Tatsächlich hat Strauss einmal im Teatro Colon von Buenos Aires an einem Sonntag nachmittags um 4 Uhr die „Salome" und abends um 9 Uhr die „Elektra" dirigiert.

Viele Jahre später hatte man in London die Idee, beide Strauss-Einakter an einem Abend aufzuführen. Die Direktion der Covent Garden Opera lud *Knappertsbusch* ein, erst die „Salome" und – nach einer entsprechenden Pause, die nun einmal vom vornehmen Londoner Publikum gefordert würde – auch noch die „Elektra" zu dirigieren. „Kna" drahtete postwendend zurück: „Einverstanden – dann aber anschließend Götterdämmerung."

Nach einer der ersten „Elektra"-Aufführungen, deren aggressives Orchesteraufgebot, deren aufwühlende expressionistische Klangballungen wieder einmal das Publikum heftig erregt hatten, wurde Strauss gefragt, ob denn derlei Attacken auf den Zuhörer eigentlich notwendig seien. Gemütlich antwortete der Meister: „No hören S', wenn droben auf der Bühne der Sohn die Mutter derschlagt, dann kann i do drunten im Orchester ka Violinkonzert spielen lassen!"

Zwei Monate nach der Dresdner Uraufführung kam die „Elektra" auch auf die Bretter der Wiener Hofoper, und zwar unter der Direktion *Felix von Weingartners,* der mit dem Werk nichts anzufangen wußte, vor der Premiere das Haus und die Stadt verließ und den Fall seinem Hausdirigenten Hugo Reichenberger überließ, nachdem er zuvor noch die Besetzung der Titelrolle durch Marie Gutheil-Schoder verhindert hatte, um einem „völligen Ruin ihrer damals nicht mehr frischen Stimme" vorzubeugen. Tatsächlich sang die „halbruinierte" Gutheil-Schoder noch zehn Jahre später die Färberin in der „Frau ohne Schatten". Jetzt aber wurde auf Empfehlung eines Strauss-Freundes als Ersatz eine völlig unbekannte amerikanische Sängerin, namens Lucille Marcel, recte Wasself, herangeholt. Die junge Dame bewältigte nicht nur ihre schwierige Aufgabe vortrefflich, sondern wurde bald darauf – ein kleiner Treppenwitz der Operngeschichte – die Gattin des entflohenen Weingartner.

Die schon legendär gewordene Wiener Klytämnestra war Fräulein *Anna von Mildenburg.* Der Dichter *Hermann Bahr,* der unter den Premierengästen saß, verfolgte mit steigender Begeisterung das musikdramatische Geschehen und mit atemloser Bewunderung die faszinierende Leistung der jungen Gesangstragödin. Wenig später hat er sie geheiratet. Und „so wollte es der Zufall", schreibt Roland Tenschert, „daß Strauss' ‚Elektra' zur Stifterin zweier glücklicher Künstlerehen wurde".

Nach der Wiener Premiere hielt Hermann Bahr seine Eindrücke schriftlich fest und erkannte, daß „Elektra" die „Salome", der sie „an Farbenpracht, Leuchtkraft und blühender Fülle" gleiche, durch

„ihre ruhige Geschlossenheit, ein höchst merkwürdiges musikalisches Raumgefühl und den mühelosen Reichtum an fließenden Einfällen" noch weit hinter sich lasse.

Strauss dankte dem Dichter erfreut für den „hübschen Elektraartikel", der für ihn deshalb so interessant sei, „da er gottlob so wenig über Musik enthielt. Wenn Sie wüßten, wie satt ich die Quintenfuchser habe, würden Sie meine Befriedigung über diesen Herzenserguß eines normal gebildeten Menschen mir nachfühlen können".

Max Kalbeck aber nannte die Hofmannsthalsche „Elektra" eine „Abdomalpoesie, bei der der Mensch erst vom Nabel abwärts anfängt".

Bei einer „Elektra"-Probe in der Wiener Hofoper, die Strauss persönlich leitete, bat er das Orchester: „Meine Herren, spielen Sie am Abend recht leise, es is ohnedies so laut komponiert!"

Viele Jahre später meinte er sogar, ganz im Sinne der einstigen Mahnung seines Vaters: „Fortissimo für das große Blech sollte aus den Partituren verschwinden." Und er fügte hinzu: „In fast allen unseren Opernhäusern sind die Geigen zu schwach besetzt und werden dazu von den Taktbetreuern mit der linken Pfote ‚niedergekuscht'. Dirigieren ist halt doch eine schwierige Sache. Man muß erst siebzig werden, um das ganz zu begreifen."

Da auch nach der Wiener Premiere die Reaktion von Publikum und Presse sehr heftig und unterschiedlich war, wurde Hofmannsthal unsicher. Besorgt fragte er Freund *Hermann Bahr:* „Was meinst du, wird das Werk auch so einschlagen wie die ‚Salome'?" Worauf ihn Bahr, der gerne kühne Vergleiche anstellte, großzügig tröstete: „Aber, mein Lieber, die ‚Salome' war doch nur der Semmering, die ‚Elektra' ist der Tschimborasso!" – „Na ja", erwiderte Hofmannsthal ungetröstet, „aber auf den Semmering gehen halt doch mehr Leut'."

Nach einer „Elektra"-Aufführung in Basel wurde ein biederer Eidgenosse gefragt, wie ihm die Oper gefallen habe.

„O, ganz großartig", erwiderte er. – „Und die Musik?" – „Musik habe ich gar keine gehört!"

Strauss, der die Geschichte selbst erzählt, kommentiert sie mit den Worten: „So ein Zuschauer ist mir lieber als ein kritisierender Dilettant, der die Musik schließlich doch nicht verstanden hat."

Als man Strauss fragte, welche „Elektra"-Vorstellung ihm am besten gefallen habe, jene von Dresden, von Berlin oder Wien, erwiderte er: „Am besten die von Garmisch, in voller Versenkung in das Werk und im Kreise meiner Familie."

Da Richard Strauss in der „Elektra" den gewaltigen Orchesterapparat der „Salome" (104 Mann!) noch um elf Mann überbot und dabei nicht nur dreifach geteilte Geigen und Bratschen, sondern auch noch so selten gebrauchte Instrumente wie Heckelphon, Baßtrompete, dazu sechs bis acht Pauken, Rute, Tamburin, Celesta usw. forderte, begann man in der Öffentlichkeit eifrig herumzurätseln, welches Orchester-Monstrum der Meister in seinem nächsten Werk auf die Beine stellen werde. Die „Lustigen Blätter" wußten zuerst Bescheid und eröffneten ihren Lesern, daß die nächste Partitur von Richard Strauss unter anderem folgende Orchesterstimmen enthalten würde:

„24 erste Geigen, 24 zweite Geigen, 22 dritte Geigen, 18 vierte Geigen, 23 Bratschen, 16 Violinen, 18 Kniegeigen, 16 Wadengeigen, 12 Trumscheits, 14 erste Harfen, 12 zweite Harfen, 10 Lyren, 16 Äolsharfen, 9 Windorgeln, 10 Wasserorgeln, 6 Nebelhörner, 12 Englische Hörner, 12 Schottische Hörner, 12 Irische Hörner, 10 Pikkoloflöten, 12 Radauflöten, 18 Balalaiken, 8 Anemochorde, 6 Amphikorde, 6 Monochorde, 10 Polychorde, 8 Theorben, 8 Kistophonien, 6 Revolverkanonen, 10 abgestimmte Jaguare, 22 Gongs, 10 Lokomotivpfeifen, 12 Maultrommeln, 4 Dampfhämmer, 8 arabische Schnabelflöten, 6 Lepraklappern, 10 Ambosse, 12 katholische Glocken, 16 israelitische Schofars. Bei den Aufführungen im Ausland tritt noch je nach Lage 1 Meeresbrandung, 1 Niagara, 1 Samum, 1 Herde brünstiger Elche, 1 Ätnaausbruch obligat hinzu."

Jahre später hat Strauss selbst – wie Clemens Krauss berichtete – über diese instrumentale Gigantomanie den Kopf geschüttelt. Bei einer „Carmen"-Probe beäugte der betagte Meister das Orchester, wiegte das Haupt und brummte vernehmlich: „Nur zwei Trompeten . . . und i brauch allerweil mindestens drei oder vier!"

Als *Gustav Mahler* 1911 in Wien gestorben war, schrieb Strauss an Hofmannsthal: „. . . nun wird er wohl auch in Wien der große Mann werden."

Knappertsbusch war wegen seiner Abneigung gegenüber Proben bekannt und (besonders bei den Musikern) beliebt. Als er im Sommer 1937 bei den Salzburger Festspielen die „Elektra" dirigierte, übernahm er im wesentlichen die stehende Aufführung der

Wiener Staatsoper. Nur auf besonderen Wunsch des Tenors, der den Ägisth sang, wurde eine kurze Orchesterprobe angesetzt. Noch ehe die Ägisth-Szene zu Ende war, erhob sich „Kna“, legte den Taktstock hin und knurrte: „Was will er denn? Er kann's ja ohnedies!“

Nach einer „Elektra“-Aufführung in der Berliner Staatsoper, die er dirigiert hatte – es war 1939 –, saß der junge *Herbert von Karajan* mit Strauss bei einem Glas Wein und bat den Komponisten um eine Stellungnahme.

„Aber ja, sehr ordentlich!“ bestätigte der Meister, „nur das Forzato und das Fortepiano haben S' mir zu akkurat g'nommen. So tierisch ernst hab ich das gar nicht g'meint. Rühren S' dort nur ein bisserl um, dann kommt schon die richtige Wirkung heraus.“

Es war noch in Dresden, nach der „Elektra“-Premiere, als sich Strauss im Freundeskreis äußerte: „Das nächste Mal schreibe ich eine Mozartoper!“ Er wandte sich an *Hofmannsthal.* Eine Casanova-Komödie wurde geplant und wieder verworfen. Dann kam dem Dichter die zündende Idee. Und im lockeren Gespräch mit seinem Freund Harry Graf Keßler, bei einem Besuch in Weimar, erstand wie von selbst das ganze Szenarium: „Die Gestalten waren da und agierten vor uns“, so berichtet der Dichter, „noch ehe wir Namen für sie hatten: der Buffo, der Alte, die Junge, die Dame, der ‚Cherubin‘. Es waren Typen, die zu individualisieren der ausführenden Feder vorbehalten blieb. Aus dem ewig typischen Verhältnis der Figuren zueinander entsprang die Handlung, fast ohne daß man wußte, wie . . .“ – Das war die Geburtsstunde des „Rosenkavalier“.

Hofmannsthal kritzelte das Personenverzeichnis auf eine Speisekarte, fuhr damit von Weimar nach Berlin zu Strauss und erzählte ihm aus dem Stegreif die ganze Handlung. Strauss fing sofort Feuer. Hofmannsthal fühlte, wie er bereits „ungeborene Musik an die kaum geborenen Gestalten verteilte“. Dann meinte der Komponist, die Leute würden natürlich enttäuscht sein und die Oper werde durchfallen. „Aber wir werden uns unterhalten, indem wir daran arbeiten. Fahren Sie schnell nach Hause und schicken mir möglichst bald den ersten Akt.“

Bereits nach zwei Monaten erhielt Strauss von Hofmannsthal die erste Sendung, die er mit den Worten bestätigte: „Die Szene ist reizend, wird sich komponieren wie Öl und Butterschmalz, ich brüte schon. Sie sind Daponte und Scribe in einer Person!“

Wie sehr Strauss die musikalischen Einfälle überschwemmten, besagt seine Mitteilung, daß die Arbeit „wie die Loisach“ dahinfließe, wobei er den Text „mit Haut und Haar“ vertone. So gründlich, daß er sogar ein paar Regieanweisungen mitkomponierte.

Für den II. Akt machte Strauss vom Auftritt des Barons an umfassende Änderungswünsche geltend, auf die Hofmannsthal bereitwillig einging. „Ich habe an diesem einen Fall“, bekannte er, „für dramatische Arbeiten für Musik etwas Fundamentales und nicht zu Vergessendes gelernt.“

Strauss war seiner Sache so sicher, daß er die Partitur des I. und II. Aktes bereits in Druck gab, als der Text für den III. Akt noch gar nicht vorlag. In diesen Akt mußte er denn auch wieder kräftig eingreifen, was Hofmannsthal abermals mit erstaunlicher Ein-

Ein
furchtbares
Paar

10 Strauss, Hofmannsthal und Sophokles: Wen der erste „bearbeitet" hat, den „vertont" sofort der zweite!

11 Die „Elektrische" Hinrichtung durch den musikalischen Scharfrichter

sicht akzeptierte: „Ich war sehr erfreut über Ihre produktive Kritik. Ich hatte die letzten Tage gespürt, daß die Stelle nicht sitzt, wußte aber nicht ganz, woran es liegt; Sie haben den Nagel auf den Kopf getroffen . . . Ich hoffe also, Sie sind zufrieden – mir war die Arbeit an dieser Sache so sympathisch, daß es mich fast traurig macht, ‚Vorhang' darunter schreiben zu müssen."

Hofmannsthal las das Textbuch im Freundeskreis vor und machte dabei die Erfahrung, daß am Schluß mit dem Abgang des Ochs auf Lerchenau die Aufmerksamkeit der Zuhörer abflaute. Daraufhin strich er, unsicher geworden, unter Mithilfe von Felix Salten den Schluß kräftig zusammen und beschwor den Komponisten, diese Kürzung zu akzeptieren, „widrigenfalls ich die Verantwortung für ein Abflauen im letzten Akt von mir abweisen müßte".

Auf dieses „Ultimatum" erwiderte Strauss ebenso kategorisch, daß weder Hofmannsthal noch Salten beurteilen könnten, wie der Schluß wirken würde. „Daß es beim Vorlesen abflaut, ist klar. Daß der Musiker dagegen an dem Schluß, wenn ihm überhaupt etwas einfällt, gerade seine besten und höchsten Wirkungen erzielen kann – dies zu beurteilen, können Sie beruhigt mir überlassen . . . Für den Schluß vom Abgang des Barons ab garantiere ich, wenn Sie die Garantie für die andern Teile des Werkes übernehmen."

Strauss vollendete den „Rosenkavalier" in sage und schreibe 17 Monaten. Die Uraufführung war wieder Dresden zugedacht. Bei den Vertragsverhandlungen kam es aber zu heftigen Differenzen zwischen Strauss und dem Intendanten *Graf Seebach*. Nachdem es schließlich doch zum Abschluß gekommen war, schrieb Strauss verärgert an Schuch: „Daß diese Spottgeburt aus Dreck und Feuer (nämlich der

Dresdner Vertrag) noch das Licht der Welt erblickt hat, dafür kann sich der Graf Seebach ausschließlich bei Ihnen bedanken. Säße nicht gerade ausgerechnet Schuch da am Dirigentenpult, Dresden hätte mich zum letzten Mal gesehen, nach der Behandlung, die mir zuteil geworden ist."

Der virtuose Instrumentationskünstler Strauss hat nicht nur völlig neue Instrumente ins Orchester eingeführt, er hat auch selten gespieltem Schlagzeug seine ganz spezifische Rolle zugewiesen. Als es wieder einmal zu Differenzen mit der Dresdner Oper kam, brachte der „Simplicissimus" eine Thöny-Illustration mit folgendem Text:

„Richard Strauss hat den Dresdnern also doch nachgegeben?" – „Ja, aber dafür hat er drei Saxophone in seinen ‚Rosenkavalier' eingefügt."

Graf Seebach hatte unter anderem moralische Bedenken geltend gemacht. So durfte die Marschallin nicht mehr im Bett liegen, wenn der Vorhang aufging, und der Baron mußte auf einige seiner Kraftausdrücke verzichten. Diese Änderungen betrafen freilich nur Aufführung und Textbuch. In der Partitur und im Klavierauszug, die ja zum Großteil schon ausgedruckt waren, blieb alles beim Alten. Strauss fand sich mit den Eingriffen ab, denn, so meinte er, es gehe schließlich nicht darum, „unsere Komödie abzuschwächen, sondern die Leute, die vorher das Textbuch in böser Absicht lesen, zu bluffen . . ."

An Graf Seebach aber schrieb Strauss: „In Dresden kann natürlich die Marschallin (in der ersten Szene) schon aufgestanden sein, wenn man daselbst an dem Vorhandensein eines Bettes Anstand nimmt und nicht wahrhaben will, daß sich die Menschen zum

Schlafen ins Bett legen. Denn zu andern angenehmen Funktionen ist ja bekanntlich schon ein Bett nicht nötig. Ich persönlich habe für derlei Bühnenästhetik gar kein Gefühl: Ich benehme mich im persönlichen Leben anständig und habe es deshalb nicht nötig, prüde zu sein."

Schwierigkeiten gab es auch in puncto Regie, genauer: wegen des Dresdner Hausregisseurs *Georg Toller,* den Strauss als einen „gewöhnlichen Opern-Normalregisseur" bewertete, der „kaum imstande sein dürfte, ein solches Lustspiel zu inszenieren". Er wandte sich daher an *Max Reinhardt,* der seine Hilfe zusagte, obwohl Graf Seebach die haarsträubende Bedingung stellte, Reinhardt dürfe nicht die Bühne betreten. Und so geschah es auch: Reinhardt „betätigte" sich als bloßer Zuschauer im Parkett. In den Probenpausen aber sah man bald die Solisten der Reihe nach mit ihm in einer Ecke stehen und flüstern, – erst die Marschallin, dann die Sophie, dann der Ochs und so fort. Das Ergebnis: „Am nächsten Tag kamen sie alle verwandelt als fertige Schauspieler auf die Probe!", so berichtet Strauss. „Darauf gestattete Seebach huldvoll, daß Reinhardt nicht mehr vom Parkett aus der Probe beiwohne, sondern auch auf der Bühne Regie führte. Das Resultat war ein neuer Stil in der Oper und eine vollendete Aufführung."

Das Ganze hatte nur einen Schönheitsfehler: der brave „Normalregisseur" Toller hatte von der Mitwirkung Reinhardts erst aus der Presse erfahren und war daher nicht ganz zu Unrecht verbittert. Strauss hatte dafür keinerlei Verständnis. „Das Bessere ist nun einmal des Guten Feind", stellte er Schuch gegenüber sachlich fest. Im übrigen könne er sich nicht vorstellen, „daß ein so intelligenter Mann wie Toller sich der Beihilfe eines Reinhardt nicht aufrichtig freuen könnte. Wie ich heute noch von Ihnen und Mahler und allen Leuten, die was können, willig wie ein Schulbub lerne, ohne daran zu denken, daß mein Piedestal dadurch verschoben werden könnte".

Als sich nach der Dresdner Premiere sogar der getreue Schuch bereitfand, die erotischen Ausfälle des Ochs zu kappen, protestierte Strauss mit aller Schärfe: „Dies ist keine Art, einen Künstler zu behandeln. So behandelt man allenfalls einen Wachtmeister von den Gardereitern . . . Sie schreiben, die Striche im ‚Rosenkavalier' machen nur fünfzehn Minuten aus. Lohnte es sich darum, die Architektur eines Kunstwerkes zu zerstören, um ganze fünfzehn Minuten einzusparen? Stimmt alles nicht. Der Grund liegt woanders. Ein Adeliger, der sich auf der Bühne so benimmt wie sich sehr viele Adelige bei Hof und in der Landwirtschaft benehmen, ist auch in den Augen des hochadeligen Herrn Generalintendanten nicht wohlgefällig . . . Ein kaiserlicher Kämmerer darf kein gemeiner Kerl sein. Darum wird gestrichen. Nicht weil's zu lang ist."

Noch sittenstrenger gebärdete sich die Intendanz der Berliner Hofoper, die sogar das anrüchige Wort „Bett" aus dem Text eliminiert wissen wollte. Also durfte die Marschallin im ersten Akt ihrem Quinquin nicht befehlen: „Schmeiß Er doch seinen Degen hinters Bett!", sie mußte noblicherweise singen: „Werf Er doch seinen Degen hintern Schirm!"

Das naive kleine Fräulein von Faninal durfte im Duett mit dem Rosenkavalier im zweiten Akt, wo sie von dem Buch singt, „wo die Stammbäumer drin sind" nicht verraten: „Das nehm' ich immer abends mit ins Bett ...", sondern mußte gestehen: „Das nehm' ich immer abends still zu mir." Wozu *Ludwig Kusche* treffend feststellt: „Einen Steinhäger nimmt man zu sich, aber kein Buch!"

Viele Jahre später verriet Strauss dem Zürcher Musikkritiker Willi Schuh: „Die Antwort an den sittenstrengen Berliner Intendanten *Herrn von Hülsen* hab' ich selber in den ‚Rosenkavalier'-Text hineingeschmuggelt und der Marschallin in den Mund gelegt. Sie kennen sie natürlich: ‚Er ist, mein' ich, ein Kavalier, da wird er sich halt gar nix denken!'"

Graf Hülsen hatte das Textbuch schon lange vor der Berliner Premiere zu lesen bekommen und dem Komponisten dringend von der Vertonung abgeraten: „Das ist kein Text für Sie!" – Nach der hundertsten Berliner Vorstellung kam er zu Strauss ins Künstlerzimmer und beglückwünschte ihn mit den Worten: „Es ist aber auch ein entzückendes Textbuch!"

Die „Rosenkavalier"-Uraufführung – am 26. Jänner 1911 – wurde ein Welterfolg. Der amerikanische Korrespondent der Daily Mail drahtete nach New York: „Seit dem ‚Figaro' ist keine komische Oper wie diese geschrieben worden." Berlin mußte wieder Sonderzüge nach Dresden einschieben, um den Ansturm der Besucher zu bewältigen. *Kaiser Wilhelm* aber, der sich auf Drängen des Kronprinzen eine Vorstellung anhörte, stellte fest: „Ne, det is keene Musik für mich!"

Der Berliner „Ulk" brachte eine Karikatur des Berliner „Rosenkavalier"-Sonderzuges, in dessen Abteil sich Passagiere neben-, unter- und übereinanderdrängen, jeder schweißtriefend in eine Partitur versunken und darunter der Stoßseufzer: „Herrje, is das 'ne Partitortur!"

Als man Strauss nach einer letzten „Rosenkavalier"-Verständigungsprobe mitteilte, daß die Berliner wieder einmal die Kasse stürmten und die Vorstellung für den nächsten Abend längst ausverkauft sei, bemerkte der Meister vergnügt: „Na, Gott sei Dank, mir is mei Platz sicher!"

Doch der Kritiker des „Leipziger Tagblattes" meldete seinen Lesern: „Mit dem ‚Rosenkavalier' ist ein solcher Tiefpunkt erreicht, daß man alle Hoffnungen, die man einst auf Strauss als Musikdramatiker setzen zu dürfen glaubte, begraben muß."

Über die Stuttgarter Premiere ließ sich ein empörter Kritiker folgendermaßen aus: „. . . das Stück ist ebenso lang wie langweilig. Ich kann mir nicht denken, daß ein normaler Mensch, der es einmal gesehen und gehört hat, nach einer Wiederholung des Genusses die Lust verspürte . . . der ödeste Schwankdichter würde sich schämen, solchen Unsinn mit gröbster Karikatur zu verzapfen."

Die Wiener Kritiker wollten da nicht nachstehen. Nach der denkwürdigen Erstaufführung des „Rosenkavalier" in der Hofoper vom 8. April 1911 unter Franz Schalk, in der Ausstattung von Alfred Roller, die stilbildend wurde für die Zukunft, und in der klassisch gewordenen Besetzung Gutheil-Schoder (Oktavian), Lucie Weidt (Marschallin), Richard Mayr (Ochs), schrieb die Wiener Presse von „ausdrucksleeren, schablonenhaften, banalen" Walzern, vom „Don Juan aus der Jauche" und ließ am Textdichter kein gutes Haar, am Komponisten nur wenige. Sie nannte das ganze Werk eine Komödie nicht für, sondern gegen die Musik, und der alte *Korngold* zog die Summe in der „Neuen Freien Presse“ mit den Sätzen: „Daß der ‚Rosenkavalier‘ den Weg zu einem neuen Opernideal auch nur andeute, könnten wir uns nicht entschließen, zuzugeben. Ganz im Gegenteil: gerade von dem von Strauss eingeschlagenen Weg möchten wir alle Nachstrebenden durch eine Warnungstafel abhalten.“

Als Hofmannsthal in seinem Literaten-Café die kritischen Wiener Pressestimmen gelesen hatte, meinte er mit einem melancholischen Lächeln: „Der Franz Lehár hätte halt den ‚Rosenkavalier‘ komponieren müssen!“ – „Ja, und dann hätte ich das Libretto schreiben müssen!“, ergänzte *Egon Friedell*, der daneben saß.

Daß Richard Strauss bei seiner Arbeit an der Figur des Ochs auf Lerchenau stets an *Richard Mayr* gedacht habe, hat der Meister nicht nur mündlich sondern auch schriftlich bestätigt. Als Mayr davon erfuhr, meinte er: „Jetzt waaß i net, is des a Ehre oder a Beleidigung?“

Richard Mayr traf bei einem Besuch in Garmisch einen seiner Gesangsschüler. Der junge Studiosus äußerte den dringenden Wunsch, dem großen Komponisten Richard Strauss persönlich zu begegnen. „Des laßt sich schon machen“, sagte Mayr gemütlich, nahm den Studiosus unter den Arm und ging mit ihm schnurstracks zur Villa des Meisters. Auf sein Läuten kam ihnen Frau Pauline entgegen. Der Kammersänger eröffnete ihr den Wunsch seines Schützlings, worauf die Hausfrau erklärte: „Der Richardl is net z'haus, der is mit'n Buam spaziern 'gangen. Aber sie werd'n bald kommen."

In dem Augenblick erschienen auch bereits die beiden. Richard Mayr präsentierte seinen Schüler, der in Ehrfurcht erstarrte. Daraufhin präsentierte Frau Pauline ihre beiden Männer mit den Worten: „Na also, Herr Studiosus, des is der große Trottel und das is der klane Trottel!"

Nach einem Strauss-Konzert im Leipziger Sender gab es eine Nachfeier mit dem Komponisten in einem Nobelrestaurant. Während des Essens wurde Strauss ans Telephon gerufen. Als er zurückkam, wollte die Tafelrunde wissen, was los war. „Es war nur die Paulin'", gab der Gefragte bereitwillig Auskunft. „Sie hat g'sagt, i hab sehr wurschtig dirigiert."

Zu einem ausgewachsenen südlichen Skandal kam es bei der italienischen „Rosenkavalier"-Erstaufführung, die im März 1911 – ausgerechnet an einem Aschermittwoch – in der Scala über die Bühne ging. Die Mailänder „Avantgardisten" nahmen dem vielbewunderten Schöpfer von „Salome" und „Elektra" die überraschenden Walzerrhythmen derart übel, daß sie wütend protestierten und die arme Mariandl im Beisl („Die schöne Musi . . .") mit Zurufen von der Galerie wie „Idiotin" und „blöde Gans" bedachten. Strauss, der anwesend war, behielt seine Nerven und erlebte einen totalen Stimmungsumschwung des Publikums. Nach dem großen Terzett im letzten Akt – Marschallin-Oktavian-Sophie – brach das ganze Haus derart in Beifalls-Jubel aus, daß die Vorstellung minutenlang unterbrochen werden mußte. Darauf Strauss: „Bravo, ihr guten Italiener, ihr habt noch ein eigenes, selbständiges Urteil, wenn es auch ab und zu danebengeht!"

Bei den Proben an der Scala, die Strauss persönlich leitete, fungierte der Sänger des Ochs, *Pavel Ludikar*, als Dolmetsch. Als die Sängerin der Marschallin, die Primadonna *Agostinelli*, ihren Schlußmonolog im ersten Akt allzu heißblütig hinlegte, sagte der Meister zu Ludikar: „Ich bitt' Sie, sagen S' der Donna, sie soll net so schrecklich verzweifelt sein. Es handelt sich da net um eine Amelia oder Valentine, sondern um eine Dame der großen Welt, die schon vor dem Oktavian einige Liebhaber g'habt hat und auch noch nach ihm einige haben wird. Sie braucht sich also nicht die Haar' auszuraufen."

Über anderthalb Jahrzehnte später erhielt Strauss anläßlich einer „Rosenkavalier"-Reprise in Italien folgendes Telegramm: „Gewiß entsinnen Sie sich einer in der Erinnerung weit zurückliegenden Nacht in Mailand, da ich als einziger den helläugigen Barbaren begrüßte und bei Tische die ungestüme Fülle Ihrer Kunst feierte. Wenn ich heute noch allein stünde, würde ich Sie mit derselben Glut und demselben Stolz begrüßen. Aber jetzt sind Ihrer Bewunderer unzählige und ich ziehe vor abseits zu bleiben. Eigenwilliger Bruder im Krieg und Frieden, ich umarme Sie im Namen des Claudio Monteverdi und des Wolfgang Mozart. – *Gabriele d'Annunzio.*"

Es war im Jahre 1915, als *Erich Kleiber*, damals dritter Kapellmeister in Darmstadt, gleichsam über Nacht eine „Rosenkavalier"-Vorstellung übernehmen mußte. „Ein Husarenstück von mir", so berichtet der Dirigent, „habe ohne jede Vorbereitung die ganze Hauptprobe . . . vom Blatt herunterdirigiert. Unser erster Hofkapellmeister war krank geworden. Ich war wie in einem Rausch . . ."

Natürlich erhielt auch Richard Strauss von diesem Husarenstück Kenntnis. Seitdem pflegte er, wo immer er Kleiber in Gesellschaft traf, mit drohend ausgestrecktem Zeigefinger auf den „Husarenritter" zu deuten und zu rufen: „Das is der Bursche, der mein' ‚Rosenkavalier' prima vista dirigiert hat!"

Einen Schildbürgerstreich leistete sich fünfzehn Jahre nach der Uraufführung der Kritiker der „Schwaaner Zeitung" anläßlich einer „Rosenkavalier"-Aufführung am Rostocker Stadttheater. Er lobte die Musik „von dem unvergleichlichen Altmeister der anmutigen Walzermusik Richard Strauss", stellte fest, daß die Handlung „auf das Operettenmilieu zugeschnitten" sei und meinte: „Unnötig, von der Musik viel zu sagen: sie war weich und flüssig, bezaubernd und geschmeidig, wie sie eben nur unser Walzerkönig schaffen konnte."

Übrigens hatte bereits nach der „Salome"-Uraufführung im Jahre 1906 der „Peuple" seinen Lesern mitgeteilt: „Salome, Musik von Richard Strauß, dem Sohn des berühmten Walzer-Strauß, der die ganze Welt strampeln (!) machte."

Seine Beziehung zu *Johann Strauß* hat Richard vierzehn Jahre nach der Uraufführung des „Rosenkavalier" in einem Artikel des „Neuen Wiener Tagblattes" präzisiert: „Johann Strauß ist von allen Gottbegnadeten für mich der liebenswürdigste Freudenspender . . . Gern gestehe ich auch, etwa das ‚Perpetuum mobile' gelegentlich mit viel größerem Vergnügen dirigiert zu haben als manche viersätzige Symphonie. Und bei den Walzern aus dem ‚Rosenkavalier' . . ., wie sollte ich da nicht an den lachenden Genius Wiens gedacht haben?"

Im Herbst 1894 erbat der Strauss mit zwei „ss" vom Strauß mit scharfem „ß" brieflich das Notenmaterial für das „Perpetuum mobile", das er in Berlin aufzuführen gedachte. Johann Strauß erfüllte die Bitte und Richard Strauss dankte mit den Worten: „Möchten Sie ein Millionstel von dem Glück genießen und der Fröhlichkeit stets teilhaftig sein, die Sie in der langen Zeit Ihrer künstlerischen Tätigkeit alle Menschen und nicht zuletzt den ergebenen Schreiber dieser Zeilen durch Ihre genialen Kompositionen erleben ließen."

Charakteristisch für den Melodiker Strauss ist sein Bekenntnis: „Ich weiß kein größeres Glück für einen Komponisten, als ein Lied geschrieben zu haben, das 50 Jahre später zum Volkslied geworden ist, und bei dem man den Namen des Schöpfers vergessen hat."

Wie rasch der „Rosenkavalier" populär wurde, zeigt die Tatsache, daß er bereits 1912 in den Münchner Fasching einging. „Nicht weniger als neunzehn Rosenkavaliere in silberweißer Seide", so berichtet ein Zeitgenosse, „ritten im Festzug mit, und die vorangegangenen, immer noch recht umstrittenen Erfolge des Neutöners Richard Strauss, ‚Salome' und ‚Elektra', waren durch zwei Klageweiber sinnig dargestellt. Und noch einer stimmte in diesem heiteren Zug bewegliche Klage über den ‚Rosenkavalier' an: Richard Wagner. Er schüttelte heftig weinend sein riesiges Haupt aus Papiermaché, während er auf einem Rappen, zum Zeichen der Trauer über den neuen Beherrscher der Opernbühne, einherritt." Es konnte nicht ausbleiben, daß sich auch die Reklame des „Rosenkavaliers" bemächtigte. Es dauerte nicht lange und man rauchte „Rosenkavalier"-Zigaretten und trank „Rosenkavalier"-Sekt.

Die Zeitschrift „Musik“, die bereits im Jahr zuvor eine Parodie „Der Hosenkavalier – Szenen aus dem Heldenleben“ veröffentlicht hatte, brachte in ihrer Faschingsnummer von 1912 ein „Rosenkavalier-Alphabet vom lustigen Maxl“, das folgendermaßen begann:

Anina intrigiert gemein.
Gefährlich soll das Alter sein!
Das Boudoir ist ein Frauen-Zimmer;
Ein Bett wirkt auf der Bühne immer.
C-dur ist nicht beliebt bei Strauss.
Celesta reißt so manches ’raus.
Der Dalles schafft Ochs trübe Stunden.
Der Dreiklang gilt für überwunden.
Noch eh’ es anfängt, hat man ’raus:
Der Ehemann ist nicht zu Haus!
Herr Fürstner liebt die Tantiemen.
Faninal sollte sich was schämen!
Der Ganzton gilt für alt und schwach.
Die Geigen teilt man achtzehnfach.
Geld-hungrig sind die Notenmaler,
Drum lieben sie die Hofmannsthaler . . .

Zu Strauss’ 50. Geburtstag erschien die Deutschmeisterkapelle vor seiner Villa in Garmisch und spielte ihm als Ständchen den „Rosenkavalier“-Walzer. Erfreut dankte der Jubilar dem Kapellmeister und klopfte ihm auf die Schulter. Der salutierte stramm und meinte: „Ja, ja, Herr von Strauss, komponieren kann ’s bald aner, aber spül’n, des is scho a Sauarbeit!“

Strauss’ entschlossene Rückkehr zur Tonalität, die sich im „Rosenkavalier“ manifestierte, schockierte die Neutöner, die den kühnen Schöpfer der „Elektra“ bereits als ihren Mann gefeiert hatten. Die einschlägige Fachpresse brandmarkte den fahnenflüchtigen Reaktionär. Darauf reagierte der Meister mit den Worten: „Mich nennen sie einen Renegaten! Schauen Sie sich einmal die Klytämnestra-Szene in der ‚Elektra' an: ich selbst habe ja mit diesem Unsinn angefangen!"

Die satirische Münchner Wochenschrift „Jugend" brachte ein Bild, auf dem zu sehen war, wie sich drei deutsche Urlauber am Meeresstrand langweilen. Darunter stand: „Das Meer summt immer die gleiche uralte Melodie . . ." – „Da sollte der Richard Strauss mal herkommen und die Sache modernisieren!"

Unter den komponierenden Kollegen der „Moderne" in Deutschland war *Carl Orff* einer der wenigen, die Strauss aufrichtig schätzte. Während man Hans Pfitzner auf die Frage nach seinem Urteil über die jüngeren Zeitgenossen die Antwort in den Mund legte: „Egk mich am Orff!", die Pfitzner übrigens energisch bestritt, äußerte sich Strauss einmal zu Orff: „Sie san der einzige, der weiß, was heut' nimmer geht!"

Von *Giacomo Puccini* hielt Strauss recht wenig. Einmal bekannte er, daß er noch nie eine Oper des erfolgreichen Kollegen bis zum bitteren Ende durchgehalten habe. In einem Brief an Clemens Krauss verglich er Puccini „mit einer delikaten Weißwurst . . . die um 10 Uhr früh (2 Stunden nach Fabrikation) gegessen werden muß – allerdings hat man um 1 Uhr schon wieder Appetit auf etwas Reelleres". Und Jahre später nannte er die „Tosca" kurzweg einen „notorischen Kitsch schlechter Sorte".

Der Publikumserfolg von *Mascagnis* „Cavalleria rusticana" war Strauss ein Dorn im Auge. Als man ihn einlud, für eine Mascagni-Festschrift zum Fünfzigjahr-Jubiläum der „Cavalleria" ein paar Sätze zu schreiben, erwiderte er grantig: „Herrn Mascagni, den ich gar nicht persönlich kenne, zur Geburt des kleinen Cavalleria-Schmarrens zu gratulieren, habe ich keine Veranlassung. Er selbst hat in seinem ganzen Leben von mir niemals die geringste Notiz genommen." – Damit aber führte Strauss seine eigene Maxime ad absurdum, die da lautete: „Kunst hat mit persönlicher Neigung nichts zu tun!"

Als *Igor Strawinsky* sein Manifest niederlegte, in dem er für die Musik nur noch die Mathematik gelten ließ und das Gefühl zum alten Eisen warf, äußerte sich Strauss einem italienischen Pressemann gegenüber: „. . . es ist sehr wahr: die Mathematik ist ein Grundelement der Musik, aber nicht das einzige. Das wäre, als wollte man sagen, daß die Zeichnung das einzige Element der Malerei sei . . . Aber schließlich, warum schwätzen wir überhaupt darüber? Glaubt man, daß das die großen Meister der Vergangenheit getan hätten? Unsterbliche Schatten von Verdi und Wagner, verzeiht uns! Arbeiten wir schweigend weiter!"

Mit *Benito Mussolini* traf Strauss persönlich zusammen. Man sprach über die Moderne in der Musik und der Duce fragte: „Sagen Sie, Dottore, was machen die jungen Musiker in Deutschland eigentlich?" Darauf Strauss: „Sie machen ungefähr dasselbe, wie die Ihren, Exzellenz! Beim Anschirren des Pferdes beginnen sie am Schwanz!"

1932 besuchte *Otto Klemperer* den Meister in seiner Garmischer Villa. Da er in der bevorstehenden Saison mehrere Strauss-Opern, darunter auch den

„Rosenkavalier“, dirigieren sollte, bat er den Komponisten, ihn bei einigen schwierigen Stellen zu beraten. Aber Strauss winkte ab: „Da kann i Ihnen wenig raten. I bin selber froh, wenn i beim Dirigieren über die Stellen glimpflich drüberkomm!“

Über dreieinhalb Jahrzehnte später dirigierte *Leonard Bernstein* in der Wiener Staatsoper eine „Rosenkavalier“-Neuinszenierung, mit Christa Ludwig und Walter Berry in den tragenden Partien. Nach der Premiere stellte ein Besucher fest: „Gestern gab es verwandtschaftliche Komplikationen in der Staatsoper. Im ersten Akt sang die Marschallin Christa Ludwig: ‚Es ist mein Mann‘, als es vor der Tür ihres Schlafzimmers laut wurde. Dann aber kam der Ochs herein, und das war ihr Vetter. Diesen Vetter aber sang Walter Berry, und das war doch ihr Mann. Da soll sich einer auskennen!“

Um diese Zeit wurde *Otto Schenk* als „Rosenkavalier“-Regisseur ans Frankfurter Opernhaus verpflichtet. Schon bei den ersten Proben verließ er sich – wie er dies auch sonst gerne zu tun pflegt – auf die Gunst des Augenblicks, will sagen: auf die Wienerische Improvisation, und scheute sich nicht, seine szenischen Anweisungen zu korrigieren, umzustoßen, abzuändern. Das paßte den guten Frankfurtern durchaus nicht. Sie wollten Schenk unbedingt mit deutscher Gründlichkeit in seinen Anordnungen festnageln: „Sagen Sie uns doch präzise und ein für allemal, was Sie eigentlich wollen!“

Worauf Schenk erklärte: „Ich weiß nicht, was ich will. Was ich auch sag’, is falsch. Auf mich is überhaupt ka Verlaß!“ Und ließ die verdutzten Herren stehen . . .

KAPITEL VI

Einst kam der Bock als Bote

oder

VON DER ARIADNE ZUM KRÄMERSPIEGEL

Zuerst kommt die Kunst und dann
kommen die andern Rücksichten.
Richard Strauss an Hofmannsthal

Der „Rosenkavalier“ rückte Strauss nachdrücklich in das Interesse der breiteren Öffentlichkeit. Da er nach dem Schock der revolutionären „Elektra“ völlig unerwartet mit der walzerseligen „Komödie für Musik“ erschienen war und damit neuerdings gewisse Kreise schockiert hatte, rätselten die Zeitungen emsig herum, welches Sujet der Meister nun als nächstes komponieren würde. Fast täglich erschienen Nachrichten „aus gut informierten Kreisen“, die es genau wissen wollten, bis es Strauss zu dumm wurde und er folgende Epistel an die Presse schrieb: „Ich komponiere gegenwärtig weder, wie man gemeldet hat, eine Oper von Hofmannsthal noch eine Pantomime noch eine Sache für den Zirkus. Ich habe auch d’Annunzio kein Montmartre-Sujet als Operntext vorgeschlagen, noch komponiere ich gegenwärtig überhaupt etwas von d’Annunzio. Ich habe schon mancherlei komponiert, aber noch keine sauren Gurken!“

Tatsächlich beschäftigte sich Hofmannsthal bereits wieder mit einem neuen Opernentwurf. Als Dank an Max Reinhardt für dessen szenische Mithilfe am „Rosenkavalier“ plante er eine „30-Minuten-Oper für ein kleines Kammerorchester . . . benannt ‚Ariadne auf Naxos‘ “, die, gekoppelt mit einer Molièreschen Komödie, dem „Bourgeois Gentilhomme“, bei Reinhardt in Szene gehen sollte. Das Unternehmen stand unter keinem glücklichen Stern und führte zur ersten ernsthaften Verstimmung zwischen dem Dichter und dem Musiker. Und als der „hübsche Zwitter“ nach vielen Schwierigkeiten endlich im Oktober 1912 nicht bei Reinhardt in Berlin, der in seinem Theater kein Orchester unterbringen konnte, sondern in

Stuttgart das Rampenlicht erblickte, wurde es nur ein Achtungserfolg, weil – wie Strauss, der zum ersten Mal nach der „Feuersnot“ eine eigene Oper aus der Taufe hob, klar erkannte – „ganz banal gesprochen . . . ein Publikum, das ins Schauspielhaus geht, keine Oper hören will und umgekehrt“.

Gerade in den Tagen der „Ariadne“-Premiere hatte der Balkanvierbund der Türkei den Krieg erklärt. Es wetterleuchtete heftig am politischen Himmel Europas. Der Berliner „Ulk“ aber brachte eine Karikatur, in der der dirigierende Vogel Strauss ein großes „Ariadne“-Ei gelegt hat, mit dem Kommentar:

Da hat nun Mars sich aufgeregt
Und blutig abgerackert –
Der Strauss hat bloß ein Ei gelegt
Und hat ihn übergackert.

Noch vor der Premiere hatte das „Bayrische Vaterland“ – vormals das Lieblingsblatt von Vater Strauss – seine Leser folgendermaßen informiert: „Herr Richard Strauss wird demnächst die Ohren seiner Mitmenschen mit einer neuen Oper beschäftigen. Das Ding heißt ‚Ariadne auf Naxos‘. Die große Münchner Reklametrommel . . . brachte natürlich schon einen kleinen Auszug aus der Oper, nebst einem Faksimile des Meisters. Danach singt die Ariadne den Gott Bacchus u. a. an: ‚Was hängt von mir in deinem Arm?‘ Man sehe sich diese ausgesuchte Geschmacklosigkeit an. Wäre die Geschichte nicht von Richard Strauss, dann würde bei der Stelle das ganze Theater gerade hinausschreien vor Heiterkeit. Da die Ariadne nichts anhatte, kann nur ein falscher Zopf von ihr in Bacchus’ Arm hängen.“

Das „Bayrische Vaterland“ zitiert dann noch eine zweite Textstelle, nämlich: „Ariadne fährt fort: ‚O, was von mir, die ich vergehe, fingest du Geheimes mit deines Mundes Hauch.‘“ Und das wackere Blatt kommentiert: „Der Gott Bacchus fängt also etwas mit seines Mundes Hauch. Ist er vielleicht ein Hund und hat ihm die Ariadne ein Apportl geworfen?“

Mit der Festpremiere der „Ariadne“-Urfassung wurde das neuerbaute Hoftheater in Stuttgart feierlich eröffnet. Monate vorher hatte man sich eigens bei Richard Strauss um die Stärke des benötigten Orchesters erkundigt, damit der Orchesterraum entsprechend groß angelegt würde. Bei der ersten Probe erwies sich, daß nur ein Teil der Musiker Platz hatte. Was war passiert? Man hatte beim Maßnehmen des Orchesterraumes in Ermangelung von Orchestermusikern eine Regimentskapelle in der angegebenen Stärke abkommandiert, in Reih und Glied aufgestellt und dann für den Architekten mit Kreide ein Rechteck um sie gezogen. Daß Musiker Sitze und Pulte benötigen, oder daß es gar in einem Opernorchester so aufwendige Instrumente wie Pauken, Harfe, Celesta geben könne, war niemandem eingefallen.

Als Strauss die Bescherung sah, soll er der Intendanz den guten Rat gegeben haben: „Wißt's was? Wenn ihr wieder a Theater baut's, nacha setzt's z'erst das Orchester hin und dann baut's das Theater rundumadum!“

Um das Werk für die Bühne zu retten, mühten sich Strauss und Hofmannsthal vier Jahre lang. Es wurde umgestellt, neudisponiert, hinzukomponiert und gestrichen, so daß Strauss später mit Recht sagen konnte: „Bei der Oper hab' ich die Strich' glei' mitkomponiert.“

Diese Äußerung bezog sich allerdings auf jene Szene des Vorspiels, die dem betagten Meister immer besonderen Spaß bereitete: die Szene, in der der junge Komponist zornbebend die ihm anbefohlenen Striche vornimmt. Diese Striche hat Strauss tatsächlich „mitkomponiert".

Die zweite und endgültige Fassung der „Ariadne" wurde am 4. Oktober 1916, dem Namenstag des Kaisers, in der Wiener Hofoper unter Franz Schalk mit Maria Jeritza in der Titelpartie aus der Taufe gehoben. Die Partie des jungen Komponisten war *Marie Gutheil-Schoder* zugedacht, die jedoch passive Resistenz übte und zur ersten Orchesterprobe nicht erschien. Um die Probe zu retten, setzte der Direktor des Hauses, Hans Gregor, eine junge Elevin ein, die er kurz zuvor aus Hamburg geholt und die auf seine Veranlassung – „Doppelt genäht hält besser!" – hinter dem Rücken von Schalk und Strauss die Partie mitstudiert hatte. Die Elevin bewährte sich so gut, daß sie Strauss anschließend persönlich zum Weiterstudium vornahm, und als Frau Gutheil-Schoder auch die nächste Probe schwänzte, blieb er völlig gelassen, nahm Direktor Gregor bei Seite und sagte zu ihm: „Hören Sie, Ihre Hamburgerin ist hundertmal besser, als die erste Besetzung je sein wird. Sie müssen sie unter allen Umständen die Premiere singen lassen." Trotz aller Bedenken – tödliche Beleidigung der Gutheil-Schoder! – gab Gregor dem Drängen des Meisters nach. Jetzt aber wehrte sich die junge Sängerin. „Um Gottes Willen", flehte sie, „tun Sie mir das nicht an! Die mächtige Frau Gutheil! Sie würde meine ewige Feindin sein!" – Es blieb trotzdem dabei. Die junge Hamburgerin kreierte den „Komponisten". Mit größtem Erfolg. Sie hieß *Lotte Lehmann.*

„Ariadne"-Probe in München unter Strauss. Die Sängerin des Komponisten war nervös und kam immer wieder aus dem Takt. Der Meister blieb die Ruhe selbst und nahm geduldig die verpatzten Stellen noch einmal. Das brachte die Sängerin ganz aus dem Häuschen. Beim nächsten „Schmiß" unterbrach sie die Probe, trat an die Rampe und meinte: „Entschuldigen Sie, Herr Doktor, ich bin andere Tempi gewöhnt!" Darauf Strauss: „Tut mir leid, liebes Fräulein, ich kenn' nur meine eigenen!" Und indem er sich zum Parkett umwandte, wo neben anderen Dirigenten auch Karl Böhm saß: „Wie nehmen's denn meine Herren Kollegen?"

Einem ebenso selbstbewußten wie unerfahrenen Taktschläger, dem man in einer deutschen Provinzstadt die „Ariadne" anvertraut hatte, gab Richard Strauss den kollegialen Rat: „Herr Kapellmeister, heut' müssen S' aber höllisch aufpassen. Die Sängerin da droben is' nämlich ekelhaft musikalisch!"

Daß es auch für ganz große Begabungen nicht immer einfach war, mit Strauss fertig zu werden, beleuchtet drastisch eine Kritik des Garmischer Meisters. Im Winter 1917 dirigierte der junge *Wilhelm Furtwängler* im Rahmen einer Mannheimer Strauss-Woche die „Ariadne", in Anwesenheit des Komponisten, der anschließend urteilte: „. . . das Vorspiel von dem sonst sehr begabten Kapellmeister F. in schwerfälligstem Tempo total verhauen . . . Es ist merkwürdig, wie schwer sich die begabtesten Leute in einen neuen Stil finden."

Bei einer Probe zu „Ariadne auf Naxos" unter *Karl Böhm* in der Wiener Staatsoper verzählte sich der Schlagwerker und versäumte an jener Stelle im Vorspiel, wo von den 50 Dukaten die Rede ist, seinen Triangel-Einsatz, worauf ihn Böhm ungnädig belehrte: „Zu was brauchen S' denn da zähl'n. Jedes Kind auf der Galerie weiß schon, wann der Strauss vom Geld red't, muß a Triangl dabei sein!"

Als Strauss wieder einmal voll Ungeduld auf einen neuen Operntext seines Dichters wartete – es war die Zeit zwischen „Rosenkavalier" und „Ariadne" – schrieb er an Hofmannsthal: „Ich warte auf Sie und quäle mich inzwischen mit einer Symphonie herum, was mich aber eigentlich noch weniger freut wie Maikäfer schütteln." – Die Symphonie, die da so zwischen Maikäferschütteln entstand, war keine andere als die „Alpensymphonie", über die er später einmal meinte: „I hab' halt amol so komponieren wollen wie die Kuh Milch gibt."

Strauss hob die „Alpensymphonie" im Oktober 1915 mit der Königlichen Kapelle Dresden, der das Werk gewidmet ist, in der Berliner Philharmonie aus der Taufe. Unter den Zuhörern saß sein Antipode *Hans Pfitzner.* In der musikalischen Naturschilderung des Werkes gibt es bekanntlich „Auf dem Gletscher", kurz vor dem Anstieg zum Gipfel, ein Geigensolo, das an den bekannten langsamen Satz des Violinkonzertes von Max Bruch erinnert.

Nach der Aufführung begegnete Strauss dem prominenten Zuhörer. „Nun, gestrenger Meister", fragte er ihn, „was haben S' denn heut' auszusetzen?" – „Gar nichts", erwiderte Pfitzner, „es war eine imponierende touristische Leistung. Nur vor dem Gipfel hätten Sie sich beinahe einen Bruch geholt!"

Strauss nahm das Pfitznersche Bonmot lachend zur Kenntnis, und wenn er später bei einer Probe der

„Alpensymphonie“ in der „Gletscher“-Gegend abklopfen mußte, um eine Stelle zu wiederholen, dann pflegte er keine Ziffer anzugeben, sondern sagte nur schmunzelnd: „Also, meine Herrn, jetzt no amol vom Bruchkonzert an!“

Nach einem Gastspiel in der Berliner Oper saß Richard Strauss mit Freunden bei einer Skat-Partie. Fragte ihn einer der Partner: „Wissen Sie, Herr Doktor, daß sich jetzt gerade auch Hans Pfitzner in Berlin aufhält?“ Darauf Strauss, die Karten mischend: „Worüber?“

Nach der Generalprobe der „Alpensymphonie“ hatte Strauss erklärt: „Jetzt endlich hab’ ich instrumentieren gelernt!“ Wenige Wochen später dirigierte er seine neue Tondichtung im Rahmen eines philharmonischen Abonnementkonzertes in Wien und erzielte damit einen rauschenden Erfolg. Die Wiener stießen sich nicht an Kuhglocken und Windmaschine und nannten das Werk wohlwollend eine „3000 Meter hoch über den Meeresspiegel versetzte ‚Pastorale‘ “.

Bei der Gewitterszene, die den Geigen halsbrecherische Passagen abverlangt, entglitt bei einer der Proben dem Konzertmeister der Fiedelbogen und landete im Parkett. Strauss klopfte ab und rief: „Moment, meine Herren, der Herr Professor hat sein’ Schirm verlor’n!“

Die Orchestersuite zum „Bürger als Edelmann“ hob Strauss 1920 im einstigen Stadtpalais des Prinzen Eugen, einem barocken Prachtbau Fischers von Erlach, mit den Wiener Philharmonikern aus der Taufe. Die Uraufführung wurde ein glänzender Publikums-

12 Richard Strauss dirigiert

13 Der Rosenkavalier: „Wo meine beiden Liebsten nicht eingeladen werden, da verkehre ich auch nicht!“

erfolg. Der Vorstand des Orchesters beglückwünschte Strauss nachher in der Künstlergarderobe. Der aber meinte: „Irgend was Dumm's muß halt doch drin sein, sonst könnt's den Leuten net gleich so gut g'fall'n."

Gemeinsam mit dem Grafen *Harry Kessler* entwarf Hofmannsthal im Vorsommer 1912 das Szenarium eines Balletts „Joseph in Ägypten", dessen Komposition als „Zwischenarbeit" Richard Strauss, dessen Ausführung der weltberühmten russischen Ballett-Truppe Serge Diaghilews in Paris zugedacht war. Strauss fing spontan Feuer: „Der ‚Joseph' ist ausgezeichnet: wird verschluckt! Habe schon zu skizzieren angefangen."

Aber dann kamen Strauss plötzlich Bedenken. Vor allem störte ihn die Ähnlichkeit mit dem „Salome"-Stoff. *Hofmannsthal* versuchte ihm das auszureden. Er könne nur darin eine Übereinstimmung finden, „daß in beiden Stücken eine Dame von einem Herrn etwas verlangt, was wir gewohnt sind, nur als von einem Herrn verlangt und von der Dame gewährt oder nicht gewährt auf der Bühne zu sehen . . ."

Aber Strauss hatte bereits die Lust verloren: „Joseph geht nicht so schnell als ich dachte . . . Der keusche Joseph selbst liegt mir nicht recht, und was mich mopst, dazu finde ich schwer Musik. So ein Joseph, der Gott sucht – dazu muß ich mich höllisch zwingen. Na, vielleicht liegt in irgendeiner atavistischen Blinddarmecke noch eine fromme Melodie für den braven Joseph."

Solche und ähnliche „blasphemische" Äußerungen haben dazu geführt, daß man Strauss als Atheisten einstufte. Tatsächlich war seine wahre Religion die

Kunst, wie ein Zitat verrät, das der hochbetagte Meister schon am Rande seines Lebens dem Schweizer Musikkritiker *Willi Schuh* in ein Nietzsche-Buch schrieb: „Das Christentum mußte erfunden werden, damit nach Phidias der Kolmarer Altar, die Sixtina gemalt und die ‚Missa solemnis' und der ‚Parsifal' geschrieben werden konnten."

Der „germanische Grieche" und „leidenschaftliche Antichrist", wie sich Strauss selbst einmal in einem Brief an Stefan Zweig nannte, hat sich nur ein einziges Mal an einem geistlichen Werk versucht: Im Jahre 1877 schrieb er ein Kyrie, ein Sanctus und ein Agnus Dei für vierstimmigen Chor. Die „Handgelenksübung" eines Dreizehnjährigen . . .

Strauss fand nicht die „fromme Melodie" aber sowohl für den „keuschen Joseph" wie für die Potiphar ein glänzendes, farbenglühendes Orchestergewand, das schon bei der ersten Probe in Paris die französischen Musiker zu Beifallskundgebungen hinriß. Strauss dirigierte selbst, Leon Bakst führte Regie, die Choreographie stammte von Michael Fokin, den Joseph tanzte der blutjunge Leonid Mjassin, der zum ersten Mal auf den Brettern stand, die Partie der Potiphar war der Primaballerina Tamara Karsavina vorbehalten, mit der Strauss persönlich arbeitete. Die Uraufführung am 14. Mai 1914 wurde ein durchschlagender Erfolg. Aber das Diaghilew-Ballett konnte die Aufführung nur noch wenige Male zeigen, und zwar im „Drury-Lane"-Theater in London, von wo der Komponist dem Dichter-Freund berichtete: „. . . obwohl der größte Teil der Presse geschimpft hat und auch die verdorbensten Engländerinnen das Stück indezent gefunden haben, ein großer Erfolg!" – Dann brach der Erste Weltkrieg aus. Und *Diaghilew* blieb dem Dirigenten das Honorar von 6000 Goldfrancs schuldig. Dessen ungeachtet stellte Strauss rückblickend fest: „Aber schön war es doch!"

Bei den Proben mit dem Pariser Orchester hatte Strauss seine Schwierigkeiten. Die Musiker wechselten ständig, ließen sich vertreten, schickten Substituten, so daß der Dirigent immer wieder neue Gesichter vor sich hatte. Einzige Ausnahme war der Paukist, der bis zuletzt bei keiner Probe gefehlt hatte. In einer kurzen Ansprache vor der Generalprobe hob Strauss den Paukisten als leuchtendes Beispiel besonders hervor. Da stand der Mann auf und sagte: „Excusez, Monsieur le docteur, aber ik kann eute abend nikt spielen . . . je suis verindert. Le substitut est mon frère . . . il est très bon!"

Acht Jahre später kreierte *Toni Birkmeyer* die Titelrolle des Joseph in der denkwürdigen Wiener Erstaufführung, die alle Wünsche des Komponisten in idealer Weise erfüllte. Die Rolle der Potiphar war keiner Tänzerin, sondern Frau Gutheil-Schoder übertragen. Hofmannsthal war entzückt: „Das ist ja die schönste Ausstattung, die ich seit Jahren auf der Bühne gesehen . . . Frau Gutheil über jedes Erwarten gut (das Zuhören, das Schreiten, das Umhängen der Kette!) – und Birkmeyer einfach ideal – so sehr Jüngling und Unschuld als auch künftiger Held. Mit dieser Sache in dieser Besetzung müßte man ja um die Welt reisen!" Der Kritiker *Richard Specht* aber schrieb über die „Josephs Legende": „Er hätte sie nicht schreiben sollen, sie ist unter seinem Niveau." Aller Respekt vor Strauss könne nicht hindern auszusagen, „was sich in der Josephslegende musikalisch begibt, und einen Quark einen Quark zu nennen, wenn er sich gerade einstellt".

Vor der ersten Kostümprobe begegnete Birkmeyer, vom Kostümbildner bereits mit weißseidener Toga und ebensolchem Stirnband geschmückt, hinter der Bühne Meister *Alfred Roller*, der die Dekorationen geschaffen hatte. Als der den halbseidenen Hirten sah, packte er ihn schweigend am Arm, zog ihn in die Requisitenkammer, ließ sich zwei Ziegenfelle kommen, band sie mit einem rohen Strick Joseph um die Lenden, schnippte ihm mit dem Finger das kesse Stirnband vom Haupt und sagte bloß: „So, jetzt können Sie auf die Bühne und Ihrer Potiphar den Kopf verdrehen!" Damit entstand das klassisch gewordene Josephskostüm, in dem Birkmeyer einen seiner größten Triumphe feierte. Nach der Premiere schrieb ihm Strauss, damals bereits Wiener Staatsoperndirektor mit eigener Hand: „Ich erinnere mich stets mit großer Freude Ihrer außerordentlichen Leistung als Joseph und sende Ihnen meine besten Wünsche für Ihre Zukunft!"

Strauss war nicht nur ein großer Künstler, sondern auch – wie Goethe – ein guter Geschäftsmann, in Geldfragen tüchtig und versiert. Hier ein Beispiel, ob wahr oder von bösen Zungen erfunden, steht nicht fest: In einer deutschen Provinzstadt spielt man, in Gegenwart des Komponisten, eine Strauss-Oper – mehr schlecht als recht. Nach Schluß der Vorstellung begegnet Strauss hinter der Bühne dem Dirigenten, der einigermaßen schuldbewußt die Frage stellt: „Sind Sie zufrieden, Meister?" Worauf Strauss prompt erwidert: „Aber natürlich, mein Lieber! Und jetzt sagen Sie, wo ist hier die Kassa!"

Jedenfalls hatten es die Verleger mit Strauss nicht immer leicht, und umgekehrt. So etwa im Falle des Berliner Verlages Bote & Bock, der die „Sinfonia domestica" herausgab und im Vertrag mit Strauss gleichzeitig die Lieferung von zwölf Liedern vereinbarte. Das war 1903. Als der Verlag anderthalb Jahrzehnte später zwar bereits ein halbes Dutzend, aber immer noch nicht seine zwölf Lieder erhalten hatte, wurde er dringlich. Daraufhin bat Strauss, völlig von seinem Opernschaffen absorbiert, um Streichung der Vertragsklausel. Aber der Verleger blieb hart. Da ersann Strauss eine musikalische Eulenspiegelei. Er bestellte bei *Alfred Kerr,* dem scharfzüngigen Berliner Journalisten und Kritiker, ein zwölfteiliges Vers-Pamphlet, das den verlegerischen Krämern einen schonungslosen Spiegel vorhalten sollte. Kerr bediente ihn prompt, wobei er sich nicht scheute, die Herren Verleger namentlich anzupfeifen:

Einst kam der Bock als Bote
zum Rosenkavalier ans Haus;
Er klopft mit seiner Pfote,
Den Eingang wehrt ein Rosenstrauss.
Der Strauss sticht seine Dornen schnell
dem Boten Bock durchs Fell.
O Botenbock, zieh mit gesenktem Sterz
hinterwärts – hinterwärts!

Noch drastischer bekam es der Chef des Verlages Breitkopf & Härtel, Geheimrat Hase, zu spüren:

Es liebte einst ein Hase
die salbungsvolle Phrase,
obschon – wie ist das sonderbar –
sein Breitkopf hart und härter war.
Hu, wißt Ihr, was mein Hase tut?
Oft saugt er Komponistenblut
und platzt hernach vor Edelmut!

Das ging zwölfmal so fort auf dieselbe frech-witzige Tour:

Die Händler und die Macher
Sind mit Profit und Schacher
Des ‚Helden' Widersacher.
Der läßt ein Wort erklingen
Wie Götz von Berlichingen.

Wobei Strauss als Vertonung des unüberhörbaren berühmten Zitates die Anfangstakte von Beethovens „Fünfter" zitierte.

Und es klang schließlich aus mit der musikalischen Visitenkarte des Komponisten:

O Schröpferschwarm, o Händlerkreis,
Wer schiebt dir einen Riegel?
Das tat mit neuer Schelmenweis'
Till Eulenspiegel.

So entstand der „Krämerspiegel", eines der kuriosesten Werke der gesamten internationalen Liedliteratur. Strauss sandte sein Opus 66 brav an den Verlag Bote & Bock, der natürlich nicht daran dachte, es zu verlegen. Im Gegenteil, er brachte gegen den Komponisten eine Klage ein. Strauss verlor den Prozeß und wurde „verurteilt", für den Verlag sechs „richtige Lieder" zu komponieren. Also schrieb Strauss sechs „richtige" Lieder – nach Texten von Shakespeare und Goethe, gegen die kein Amtsgericht und kein Verleger etwas einwenden konnte. Aber welche Texte wählte er? Drei Lieder der geisteskranken Ophelia und drei aus dem „Buch des Unmuts" im „West-östlichen Divan", deren letztes („Wanderers Gemütsruhe") die Verse enthielt:

Übers Niederträchtige
Niemand sich beklage;
Denn es ist das Mächtige,
Was man dir auch sage.
. . .

Wandrer! – Gegen solche Not
Wolltest du dich sträuben?
Wirbelwind und trocknen Kot,
Laß sie drehn und stäuben.

Der „Krämerspiegel" blieb ungedruckt. Aber nur bis 1921. In diesem Jahr gab der Berliner Kunsthändler *Paul Cassirer* das ominöse Opus als Luxusausgabe auf Japanpapier mit Radierungen von Michael Fingesten in einer beschränkten Auflage von 120 numerierten Exemplaren heraus, die vom Graphiker und Komponisten handsigniert waren. Strauss schrieb an Cassirer: „Endlich ein Mann, der den nötigen Humor besitzt, obgleich er selbst Verleger ist, dieses Werk richtig einzuschätzen, als das, was es ist, als den Ausfluß einer Künstlerlaune . . ."

Cassirer druckte den Brief in Faksimile mit ab. Die numerierten Exemplare zählen längst zu den bibliophilen Kostbarkeiten.

Die Musik zum „Krämerspiegel" erfuhr noch ein besonderes Nachspiel. Sie klang nämlich beim Schlußwort „Till Eulenspiegel" mit einer As-Dur-Melodie aus, die wohl zu den schönsten und blühendsten Einfällen zählt, die Strauss jemals in die Feder geflossen sind. Dort blühte sie lange Jahre im Verborgenen, bis der Meister, der damals bereits an seinem „Capriccio" arbeitete, den „Krämerspiegel" daheim wieder einmal vornahm und sein Sohn Franz meinte: „Der Einfall is' eigentlich viel zu schad' für eine Gelegenheitsarbeit!" Papa Strauss ließ sich das nicht zweimal sagen. Er hob den verborgenen Schatz, übertrug ihn in sein neues Opus und hatte gefunden, was er bisher vergeblich gesucht hatte: die „Mondschein-Musik" des „Capriccio".

KAPITEL VII

Richard Strauss-Theater in Wien

oder

VON DER FRAU OHNE SCHATTEN ZUR ARABELLA

Opern komponieren ist nicht schwer,
sie aufzuführen aber sehr!
Richard Strauss an Eugen d'Albert

Schon im Vorsommer 1910 schrieb Strauss, als er in Wien den damaligen Hofoperndirektor *Felix von Weingartner* aufsuchte, um mit ihm die Bedingungen für die „Elektra"- und „Rosenkavalier"-Aufführungen zu besprechen, an seine Pauline: „Willst Du Frau Direktor werden in Wien? Die Stelle ist billig zu haben. Ich habe bis jetzt gedankt. Weingartner ist total fertig . . ."

Im Frühjahr 1918 wurde *Leopold von Andrian*, ein vertrauter Freund Hofmannsthals, zum Intendanten der Wiener Hoftheater ernannt. Andrian blieb nur bis zum November 1918 im Amt, aber in dieser kurzen Zeit fiel die wichtige Entscheidung über die Berufung der Doppeldirektion Richard Strauss – Franz Schalk an die Wiener Oper. Als die Nachricht davon in die Öffentlichkeit drang, warnte man Strauss in Berlin: „Aber, Herr Doktor, wie können Sie denn nach Wien gehen, wo die Leute so falsch sind?!" – Strauss beruhigte den Mann: „Schaun S', die Leut' san überall falsch. Aber in Wien san s' halt so angenehm falsch."

Bereits in ihrer Nummer vom 1. Oktober 1918 brachte die „Neue Freie Presse" die Nachricht, daß „trotz geflissentlicher Dementis" sich „in gewöhnlich gut unterrichteten Kreisen" die Ansicht behaupte, Generalintendant Baron Andrian bemühe sich weiterhin, Richard Strauss in ein näheres Verhältnis zur Hofoper zu bringen. Als interessantes Detail erzähle man sich, daß Strauss für den Fall eines positiven Abschlusses der Verhandlungen „in den österreichischen Adelsstand erhoben werden soll". – Wie dem auch sei – als es so weit war, hatte die Republik Österreich den Adel abgeschafft.

Natürlich gab es in Wien einen Aufstand, als die Berufung von Strauss ruchbar wurde. Die Presse lief Sturm gegen den komponierenden Direktor, empörte sich gegen die Jahresgage von 80.000 Kronen und malte den Alptraum eines unvermeidlichen „Richard Strauss-Theaters" an die Wand. Das Opernensemble ließ sich beeinflussen und übergab *Schalk* eine „einmütige" Resolution – außer Maria Jeritza und Selma Kurz hatten nur noch drei Mitglieder nicht unterschrieben –, in der kurzerhand die Tilgung des Vertrages mit Strauss gefordert wurde. Aber der Sturm im Wasserglas legte sich wieder. Und Schalk erklärte in der Presse: „Ich bin für Strauss . . . Gäbe es noch mehr Sträusse, sie müßten alle herbeigeschafft werden. Den einen, den es Gott sei Dank und zum Heile der deutschen Kunst gibt, den sollten wir uns nicht zerpflücken lassen."

Als man Strauss über den ihm zur Seite gestellten und in seiner ganzen Art durchaus konträren Mitdirektor befragte, zitierte er getreu nach Goethes „Faust": „Von allen Geistern, die verneinen, ist mir der Schalk am wenigsten zur Last!"

Am 10. Oktober 1919, zwei Monate bevor Strauss sein Amt in Wien antrat, brachte Schalk die „Frau ohne Schatten" des designierten Co-Direktors zur glanzvollen Uraufführung mit der Jeritza, mit Lotte Lehmann und Richard Mayr in den tragenden Partien. Es war die Krönung der Zusammenarbeit zwischen Strauss und Hofmannsthal. Das erkannte diesmal sogar die Kritik. „Hofmannsthal und Strauss haben – unstreitig – die tiefsten Gaben ihres Könnens,

Wollens, Wissens gegeben", schrieb das „Salzburger Volksblatt" nach der Premiere. Und zwei Tage darauf die „Ostsee-Zeitung": „Ein großes Musikwerk ist entstanden. Vielleicht das größte, das seit dem Tode Richard Wagners über die Bühne gegangen ist."

Als *Lotte Lehmann* beim Studium ihrer Partie in die Knie ging und schließlich in einem verzweifelten Schreiben an den Komponisten die Rolle der Färberin zurücklegen wollte, erwiderte Strauss: „. . . Bedenken Sie um Gottes willen die furchtbare Blamage, wenn Sie, die erste jugendlich-dramatische Sängerin – die schönste jugendlich-dramatische Rolle nicht singen können. Wenn Frl. Jeritza Ihre Rolle übernehmen muß, weil Frl. Lehmann diese nicht bewältigt. Das werden Sie sich doch nicht anthun! Das wäre wirklich Selbstmord!"

Versteht sich, daß Lotte Lehmann die Färberin sang.

Nach einiger Zeit mußte die Partie der Amme in der Wiener Staatsoper neu besetzt werden, weshalb *Franz Schalk* eine Probe anordnete. Die Sängerin war der anstrengenden Partie nicht ganz gewachsen. Immer wieder wurde ihr Gesang vom aufrauschenden Orchester zugedeckt. Da trat Strauss, der zugegen war, hinter Schalk ans Dirigentenpult und raunte ihm zu: „Hören Sie etwas von der Amme? Ich nicht!" – Schalk wandte sich um und raunte zurück: „Ich auch nicht! Aber die Ammen sind ja seit jeher im Stillen groß!"

Die „Frau ohne Schatten" entstand mitten im Ersten Weltkrieg, der jedoch keinerlei Spur in der Partitur hinterlassen hat, es sei denn jene Notiz, die Strauss an den Schluß der Notenskizze des 1. Aktes schrieb: „Vollendet am 20. August 1914, am Tage des Sieges von Saarburg. Heil unseren braven, tapferen Truppen. Heil unserem großen deutschen Vaterland!" – ein getreues Spiegelbild jenes Hurra-Patriotismus, mit dem damals das wilhelminische Deutschland in den Krieg zog.

Strauss' patriotische Begeisterung legte sich rasch, als Hofmannsthal schon bei der ersten Musterung einberufen wurde. Verärgert schrieb er: „Dichter könnte man wirklich zu Hause lassen, wo es sonst so reichlich Kanonenfutter gibt: Kritiker, Regisseure mit eigenen Ideen, Molière-Spieler etc."

Wenig später riß er dieser Begeisterung selbst die Maske vom Gesicht: „. . . es ist widerlich, in den Zeitungen zu lesen, wie Jung-Deutschland gereinigt und geläutert aus diesem ‚herrlichen Krieg' zurückkehren soll, wo man froh sein kann, wenn die armen Kerle erst von Läusen und Wanzen gereinigt und von allen Infektionen geheilt und erst wieder des Mordens entwöhnt werden müssen . . ."

Während der Arbeit an der „Frau ohne Schatten" traf Strauss ein empfindlicher Schlag. In seinen „Erinnerungen" berichtet er darüber: „Am 1. August beschlagnahmten die Engländer mein bei Edgar Speyer in London liegendes Vermögen – die Ersparnisse dreißigjähriger Arbeit. Acht Tage lang war ich reichlich deprimiert, dann fuhr ich in meiner soeben begonnenen ‚Frau ohne Schatten' weiter und begann ein Leben mühsamen Geldverdienens von vorne, nachdem ich gerade gehofft hatte, mich vom 50. Lebensjahre ab fast nur mehr dem Komponieren widmen zu können."

Als man dann den Reserveoffizier *Hofmannsthal* doch nicht ins Feld schickte, sondern auf einen ruhigen Posten in der Heimat abkommandierte, fand Till Eulenspiegel seine Laune wieder: „Hugo hat die verdammte Pflicht, den Tod fürs Vaterland nicht zu sterben, bevor ich meinen dritten Akt habe, der ihm, hoffe ich, noch mehr Ehre einbringen wird als eine schöne Todesanzeige in der ‚Neuen Freien Presse'."

Fast zur gleichen Zeit, in der Strauss die „Frau ohne Schatten" komponierte, schuf *Hans Pfitzner* seinen „Palestrina", dessen Wiener Erstaufführung Schalk zu Beginn der Doppeldirektion in der Staatsoper herausbrachte. Nach der Generalprobe begegneten Pfitzner und Strauss einander in den Räumen der Direktion. Strauss fand einige verbindliche Worte, Pfitzner aber meinte anzüglich: „Sie ahnen ja nicht, was mich dieses Werk seelisch gekostet hat!" Worauf Strauss fröhlich erwiderte: „Ja, warum komponieren S' denn dann, wenn's Ihnen so schwerfallt?"

Pfitzners Oper „Die Rose vom Liebesgarten" wurde später in der Wiener Staatsoper von *Clemens Krauss* neu einstudiert. Der Meister war bei den Proben zugegen und regte sich über jeden kleinen Strich auf, den Krauss aus dramaturgischen Gründen in der Partitur vornehmen wollte. „Bei mir können Sie nicht so streichen wie bei Ihrem Richard Strauss!" zeterte er. „Ja sehen Sie, Meister", erwiderte Krauss mit gelassener Liebenswürdigkeit, „der Strauss ist halt ein barocker Komponist; bei dem kann man die halbe Oper streichen und es bleibt immer noch genug Musik übrig."

Sein Pult-Debüt als Staatsoperndirektor begann Strauss – wie seinerzeit Gustav Mahler – mit Wagners

„Lohengrin". Bei der Neueinstudierung konnte sich die Sängerin der Elsa mit den frischen Tempi, die der Meister auch bei den lyrischen Stellen zu nehmen pflegte, nicht recht befreunden. Im Lauf der Hauptprobe begann sie so zu schleppen, daß die ganze Aufführung zu wackeln drohte. Strauss versuchte eine Zeitlang auszugleichen, dann klopfte er ab und rief auf die Bühne: „Gnädigste, i bin kein routinierter Kapellmeister. I kann mi net zuwipassen. Sie müssen schon nach meinem Takt singen!"

Ein junger Komponist erschien eines Tages in Strauss' Direktionszimmer, packte seine neuesten Werke aus und bat den großen „Kollegen" um Urteil und Rat. In seiner Unverblümtheit riet ihm Strauss, er solle das Komponieren aufgeben und einen andern Beruf ergreifen. Der junge Mann fiel aus allen Wolken. Tiefgekränkt wandte er sich zum Gehen. Da ergänzte Strauss mitfühlend: „Wissen S' was, junger Mann, machen S' Ihnen nix draus. Wie i so jung war wie Sie, hab'n s' mir dasselbe g'sagt . . ."

Einen anderen jungen Komponisten, der Strauss errötend gestand, dessen Werke zu studieren, wies er mit den Worten zurecht: „Nehmen S' lieber den Mozart vor. Meine Sachen san nix für so junge Leut'!"

Ein dritter junger Mann, der bei Direktor Strauss einen Termin bekommen hatte, kam gleich mit zwei Opernpartituren angerückt. Kaum hatte er am Klavier ein Stück aus der ersten gespielt, unterbrach ihn Strauss und sagte: „Die zweite g'fallt mir besser!"

Daß auch in den Reihen des Wiener Staatsopernorchesters nicht lauter Richard Strauss-Anhänger saßen, verriet der philharmonische Bratschist *Anton Ruzitska,* der an der Moldau geboren war und über die frühen Strauss'schen Opernwerke urteilte: „Des sans lauter Opern, die was ma muß öfter hören. I muß s' zwar spielen, aber anhörn tu ich ma s' bestimmt nicht!"

Ein Wiener Kritiker, der Strauss wiederholt verrissen hatte, begegnete unvorhergesehen auf der Kärntner Straße dem Meister. Er wollte sich rasch drücken, aber Strauss hatte ihn schon erkannt, grüßte ihn freundlich und lud ihn auf einen Mokka ins nahe Kaffeehaus. Dort erwartete der Mann eine verbale Abrechnung wegen seiner Verrisse, doch nichts dergleichen geschah. Verblüfft und nervös stotterte der Kritiker schließlich die Frage heraus: „Haben Sie meine Kritiken gar nicht gelesen?" Lachend erwiderte Strauss: „Freilich hab' ich sie g'les'n, aber i schreib niemand vor, wie ihm mei Musik g'fallen soll. I denk mir ja auch über Ihre Kritiken, was mir paßt!"

Seine Stellung zur Kritik hat Strauss in einem Brief an Clemens Krauss klar umrissen: „Ich habe immer den Grundsatz befolgt, mich niemals bei einer Redaktion oder ihren Referenten über eine ungehörige Kritik zu beschweren und bin dabei gut gefahren."

Einer der ganz wenigen Fälle, wo er auf eine negative Kritik reagierte, betraf einen Rezensenten, der Strauss vorgeworfen hatte, die Tempi in Mozarts „Cosi fan tutte" einmal verschleppt, ein anderes Mal wieder verhetzt zu haben. Strauss schrieb an ihn: „Geschätzter Herr, ich bin glücklich, endlich einen Menschen gefunden zu haben, der die genauen Metronomangaben der Mozart'schen ‚Cosi' direkt aus dem Musikantenhimmel, von Mozart selbst, empfangen hat. Bitte teilen Sie mir dieselben mit!"

Bei einer Probe zur „Frau ohne Schatten" in der Münchner Oper wollte die „Kaiserin" vom dirigierenden Komponisten wissen: „Haben Sie sich diese Stelle mehr lyrisch oder mehr dramatisch gedacht, Herr Doktor?“ Worauf Strauss erwiderte: „Gnädigste, wenn is' hätt' lyrisch haben woll'n, dann hätt' i s' in die Klarinettenstimm g'schrieb'n!“

Karl Böhm war Zuhörer bei einer Aufführung der „Frau ohne Schatten“ in Hamburg, die Strauss dirigierte. Anschließend spazierten die beiden Herren die Alster entlang. Mit ihnen wanderte ein Hamburger Kritiker, der zehn Jahre zuvor die „Frau ohne Schatten“ in der Luft zerrissen hatte. Mit der Redseligkeit des schlechten Gewissens erklärte er: „Meister, jetzt verstehe ich erst Ihr Werk! Das ist ja Ihr größtes – ein Ewigkeitswerk! . . . Nur mit dem Text von Hofmannsthal kann ich nicht viel anfangen.“ Strauss erwiderte trocken: „Warten S' no zwanzig Jahr, dann werd'n S' den Text vielleicht a no versteh'n!“

Viereinhalb Jahrzehnte später ging die „Frau ohne Schatten“ in der Wiener Staatsoper unter der musikalischen und szenischen Leitung *Herbert von Karajans* neu in Szene. Günther Schneider-Siemssen, der die Bühnenbilder geschaffen hatte, wollte mehr Licht auf die Bretter. Der Beleuchtungsinspektor gab seinem Drängen nach und meinte schließlich: „So, jetzt wär's eigentlich schön hell!“ Darauf Karajan resigniert: „Jetzt werden die Wiener sagen: ‚Na also, seh'n tut er auch nicht mehr ordentlich!‘ “

Als dann bei der Hauptprobe Karajan vom Pult aus immer wieder kleine Einwendungen gegen die Inszene vorbrachte, wurde der Bühnenbildner ungeduldig: „Herr von Karajan, wenn Sie vom Dirigentenpult aus auf die Bühne schauen, dann müssen Sie ja die Eingeweide sehen!“

Karajan stimmte zu: „Ja, das ist zwar der heikelste und schlechteste Platz, aber auch der bestbezahlte!“

Strauss soll einmal gesagt haben: „Was ein richtiger Komponist is, der muß auch a Odolglasl mit Zahnbürstl komponieren können.“ Die Wiener Philharmoniker kolportieren eine andere Version. Sie lautet: „Ein Komponist, der was z'samm'bringt, muß auch a Speiskarten komponieren können!“

Daraufhin brachte die „Jugend“ eine Karikatur mit Strauss im bayrischen Älplerlook am Klavier, hinter ihm einen beleibten Fleischermeister mit weißer Schürze und darunter die Frage: „Ick schlachte morjen vier Schweine, Meester. Möchten Se det nicht in Musik setzen?“

Strauss selbst hat die Probe aufs Exempel gemacht: mit seinem Firmlings-Ballett „Schlagobers“, das die ganze „Speiskart'n“ einer Wiener Konditorei in Töne setzt, vom Gugelhupf bis zum Zwetschkenmann, vom Baumkuchen bis zum Quittenwürstchen, vom Ladislaw Slivowitz bis zur Mademoiselle Chartreuse, vom Prinzen Kakao bis zur Prinzessin Praliné. Der Komponist hob das Werk einen Monat vor seinem 60. Geburtstag in der Wiener Staatsoper persönlich aus der Taufe. Die Presse empörte sich gegen die üppige „Milliarden-Ausstattung“. Es waren aber bloß Inflations-Milliarden.

Den Vorwurf kulinarischer Oberflächlichkeit und gedanklicher Untiefe wies Strauss zurück: „Ich habe doch wohl das Recht, die Musik zu schreiben, die mir paßt. Ich halte diese zeitgenössische Tragik nicht aus. Ich will Freude bereiten, ich brauche sie.“

Bei der „Schlagobers"-Premiere in Breslau stachen dem Ankömmling Strauss schon aus der Entfernung die Anschlag-Plakate in die Augen. Da stand neben dem Titel des Balletts in Klammer groß und deutlich – zur Erläuterung für die Breslauer – das Wort „Schlagsahne". Worauf den Komponisten jeglicher Premieren-Ehrgeiz verließ. Als er den Intendanten traf, fragte er ihn: „Spiel'n wir heut' abend?" – „Aber natürlich", war die Antwort, „wir geben doch Ihre ‚Schlagsahne' – pardon Ihr ‚Schlagobers'!" – „Aber wer red't denn davon", entgegnete Strauss. „I wollt nur wissen, ob wir heut' abend Skat spiel'n!"

Als man auch in der Pariser Oper beschlossen hatte, das „Schlagobers"-Ballett ins Programm aufzunehmen, rätselte man darüber, wie wohl der Ballett-Titel sinngemäß zu übersetzen sei. Ein gewitzter Dramaturg kam auf die Idee, den Titel wortgetreu zu übersetzen, wobei er „Obers" mit „Oberst" verwechselte. Und also kam er auf den glorreichen Titel: „Le colonel d'apoplexie".

1924 brachte die Doppeldirektion über Initiative Richard Strauss' die Merowingeroper „Fredigundis" von *Franz Schmidt* zur Erstaufführung in der Staatsoper. Beim Einblick in die Partitur des Werkes sagte Strauss zu dem Komponisten-Kollegen kopfschüttelnd: „Aber verehrter Freund, warum machen Sie sich's denn so schwer? Ihre Musik überschwemmt ja alles . . . draus hätt' ich vier Opern g'macht!"

Im Herbst 1924 legte Strauss sein direktoriales Amt in der Staatsoper nieder. Man hatte sich auseinandergelebt. Die Temperamente der beiden Künstler, des vitalen Meisters und des feinnervigen Schalk, waren doch zu verschieden. Die heikle Kompetenzfrage wurde nie geklärt. Wieder stand ganz Wien Kopf, wieder stieg die Presse auf die Barrikaden, diesmal – siehe da! – für den scheidenden Direktor. Ein Abendblatt veranstaltete sogar eine Art Volksabstimmung. Das „Wiener Brettl" in der „Hölle" aber brachte eine Strauss-Schalk-Nummer als Schattenspiel mit den klassischen Versen auf Strauss:

Sein Taktstock ist stets sehr erregt,
Wenn er das eigene Schlagobers schlägt.
Doch jetzt ist's mit der Herrlichkeit aus.
Hinaus aus dem Haus muß der Richard Strauss.
Warum er jetzt nicht mehr dirigiert?
Weil er den Schalk im Nacken spürt.

Ein anderes Bonmot aber machte in Wien die Runde: „Strauss, der ein Schalk ist, geht; Schalk, der kein Strauss ist, bleibt."

Strauss zog den Schlußstrich unter die leidige Affäre mit den prächtigen Worten, die er im Rahmen eines Aufsatzes der Presse übergab: „Jetzt bitte ich nur noch, zur Kenntnis zu nehmen, daß ich weder verärgert noch verbittert bin, sondern stets mit größter Freude der schönen Stunden gedenke, die ich in künstlerischer Arbeit an der Staatsoper verbringen durfte . . ."

Strauss verließ die Staatsoper, aber er blieb in Wien; zog sich ungekränkt und arbeitsfroh in sein neues Schlößl nächst dem Wiener Belvedere, dem Sommersitz des Prinzen Eugen, zurück, dessen kostbarer Baugrund durchaus kein „Geschenk" der Stadt Wien war, wie gelegentlich angenommen wurde. Strauss hat sich ihn redlich erdirigiert. Er hat dafür außerdem der Stadt seine „Rosenkavalier"-Partitur geschenkt, die heute zu den ganz großen Schätzen der Österreichischen Nationalbibliothek zählt, und als

„Draufgabe" noch die Original-Partitur der „Ägyptischen Helena".

Inmitten der Wirren des Ersten Weltkriegs nahm die Idee der Salzburger Festspiele konkrete Formen an. Im ersten Aufruf der Gründer, der aus der Feder von Richard Strauss stammte, hieß es:

„Das Salzburger Festspielhaus . . . soll ein Symbol sein, das erfüllt ist vom Licht der Wahrheit und vom Abglanz der Kultur . . . Ganz Europa soll wissen, daß unsere Zukunft in der Kunst liegt, ganz besonders in der Musik . . . In diesen Zeiten, in denen die geistigen Güter viel seltener sind als die materiellen und in denen der Egoismus, der Neid, der Haß und das Mißtrauen in der Welt zu regieren scheinen, wird der, der unsere Vorschläge unterstützt, viel zur Wiederaufrichtung der Brüderlichkeit und Liebe zum Nächsten beitragen."

1922 übernahm Strauss das Amt des Präsidenten der Festspielgemeinde und investierte so manchen Tantiemenanteil in die von ihm geförderte Idee. *Max Reinhardt,* der wie Hofmannsthal, Roller und Schalk schon dem ersten Kunstbeirat angehörte, wünschte sich als Lohn für die Inszenierung des Hofmannsthal'schen „Welttheaters" in der Kollegienkirche „nichts anderes, als keiner Verhandlung beiwohnen zu müssen". Auch die Darsteller wirkten zu Beginn gratis mit; bloß *Werner Krauß* wünschte sich als Honorar – eine Lederhose.

Die Fachwelt hat in der Reihe von Beethovens Sinfonien den auffälligen Wechsel von Hell und Dunkel, von Dramatisch-Aufgewühlt und Olympisch-Beschwingt festgestellt. Auch in Richard Strauss' Schaffen ist ein solcher rhythmischer Lichterwechsel zu finden. Nach der gewaltigen Leistung der „Frau ohne Schatten" wünschte sich Strauss eine „Handgelenksübung", eine Spieloper mit „nüchterner Alltagsprosa". Hofmannsthal erklärte sich für unzuständig und verwies den Komponisten an *Hermann Bahr.* Den Stoff fand Strauss in den eigenen vier Wänden. Es war eine Eheaffäre, ausgelöst durch ein Mißverständnis, die wahre Verwechslungsgeschichte der „Mieze Maier", die im Leben Mieze Mücke hieß – eine Mücke, aus der Frau Pauline einen Elefanten machte.

Strauss spielte sogar mit dem Gedanken, eine richtige Operette zu schreiben, „da meine tragische Seite" – so argumentierte er in einem Brief an Hofmannsthal – „ziemlich ausgepumpt ist und mir nach diesem Krieg Tragik auf dem Theater vorläufig ziemlich blöde und kindlich vorkommt . . . Ich fühle mich geradezu berufen zum Offenbach des 20. Jahrhunderts . . . Aus den Prachttypen, die in diesem Krieg sich herausgeschält haben: der Wucherer als Mäzen, der Spion, der Diplomat, Preuße und Österreicher gegeneinander und doch miteinander – ließe sich doch eine herrliche Operette machen".

Bahr versuchte sich an einem Szenarium nach den Angaben des Komponisten, warf aber bald das Handtuch und verwies den Komponisten auf sich selbst, „denn es ist ja I h r Stück, der Einfall kommt von Ihnen und Sie sehen, Sie hören es offenbar im Geiste schon fertig".

Strauss griff die Anregung auf, und nachdem er „in 2 Tagen nun die 1. Szene hingehauen, alles, wie es mir gerade einfiel, ohne Auswahl und poetische Ausschmückung", schickte er das Elaborat an Bahr mit der Aufforderung, „möglichst schonungslos zu sagen, was er davon halte".

Bahr antwortete umgehend und in Eile, daß er, so gern er sich revanchiert und sich einmal vom Herzen ausgebeckmessert hätte, leider den Text – „prachtvoll, wirklich einfach staunenswert gut, ja darin das Ideal eines Textes finden muß! Jetzt weiß ich erst, was Ihnen vorschwebt, jetzt weiß ich aber auch, was ich immer schon heimlich vermutete, daß nur Sie selbst gerade diesen Text zu schreiben allein der Mann sind! Vorwärts also! Werden Sie die Courage haben, Ihr Interieur mit dieser Ungeniertheit aufs Brettl zu bringen?! Die Leute werden rasend sein, (aber ich möchte wetten) der Erfolg auch . . .“

Die Leute waren nicht rasend, als das „Intermezzo“ am 4. November 1924 unter Fritz Busch in Dresden zum ersten Mal über die Bühne ging, aber sie waren sich durchaus im klaren, einer operngeschichtlichen Pikanterie ersten Ranges beizuwohnen. Denn daß jenes Paar, dessen Ehekomödie auf der Bühne gegeben wurde, gleichzeitig in natura als Zuhörer in der Loge saß – Hofkapellmeister Robert Storch mit Ehefrau Christine dort, Richard Strauss und Ehegattin Pauline hier – das hatte es in der Geschichte der Oper noch nicht gegeben.

Schon im vorangegangenen Briefwechsel mit Hermann Bahr hatte Strauss an den Dichter geschrieben: „Da Sie meine holde Gattin offenbar wieder ganz anders sehen als ich, so wäre ein zweites Stück von Ihnen entzückend. Aus meiner Frau kann man zehn Stücke machen.“

Wie er sie selbst sah, hat Richard Strauss dem Kapellmeister Storch auf der Bühne in den Mund gelegt: „Für mich ist sie grade das Richtige. Ich habe ein Talent zum Verdösen, Verbummeln; was aus mir geworden ist, dank ich ihr, besonders die Gesundheit! Sie hat mich aufgepulvert . . . Mir tut das gut, ich muß Leben und Temperament um mich haben. Jeder Mensch hat seine zwei Seiten, der Unterschied ist nur, daß der eine nur das Gute zeigt, das sind die Menschen mit der angenehmen Fläche. Während sie – sie ist eine von den ganz zarten, schamhaften Naturen mit rauher Schale, ich kenne manche – es sind die Besten! Ein Igel nach außen mit Stacheln gepanzert!"

In seinem Kommentar zu Hermann Bahrs erstem „Intermezzo"-Entwurf hat Richard Strauss übrigens noch mehr aus der Schule geplaudert und ein amüsantes Charakterbild seiner Gattin, aber auch seiner selbst entworfen: „. . . e r ist ordnungsliebend, wie sie, wenn auch zum Teil durch sie erst geworden, teilt sich alles sehr gut ein, hat immer und zu allem Zeit, während er tatsächlich sehr viel arbeitet und dabei findet, daß er eigentlich gar nicht fleißig, während s i e den ganzen Tag zu arbeiten glaubt, indem sie quasi in ihrer sehr lebhaften Fantasie alles als eigene Arbeit rechnet, was auf ihre Anordnung hin andere (Freunde, die sie mit Vorliebe für sich Besorgungen machen läßt) und Dienstboten arbeiten. Dabei ist sie gerade sehr pedantisch in ihrer Ordnungsliebe und ihrem Reinlichkeitsdrang (sie ist auch im Herzen eine sehr feinfühlige, reinliche Natur, sehr rigoros gegen sittliche Mankos bei andern, wenn dies nicht durch zufällige Sympathien – z. B. für künstlerisches Talent, für Hausfrauentugenden, für gute Touristenleistungen bei Frauen, für körperliche Vorzüge, gute Manieren, vornehme Abstammung bei Männern – wieder aufgehoben wird). In diesem Falle kann sie wieder sehr nachsichtig sein, ebenso wie er bei Leuten, wenn sie nur gut Skat spielen und keine Schwerverbrecher sind . . ."

14/15 Strauss und Hofmannsthal: oben mit Schnitzler und Beer-Hofmann im Kaffeehaus, unten bei der Arbeit

Richard Strauß und Hugo von Hofmannsthal.

16 Geld und Ruhmeskränze für die Rosenkavaliere

Die Inszenierung der Dresdner Uraufführung brachte auf ausdrücklichen Wunsch des Dichter-Komponisten dessen Heim in Garmisch, den Hauptschauplatz der Handlung, höchst naturgetreu auf die Bretter. Über die Besetzung berichtet *Fritz Busch* in seinen Memoiren: „Josef Correck war ein korrekter Storch; Lotte Lehmann als ‚Christine' sah zwar ihrem lebendigen Vorbild Pauline Strauss nicht sonderlich ähnlich, erinnerte aber in Tonfall und Ausdruck geradezu irreführend getreu an diese."

Es spricht für Frau Pauline, daß sie das handfeste Bühnenporträt, das ihr Gatte da entworfen, zwar nicht ohne Widerstand, doch immerhin geduldet und sogar goutiert hat. Nicht jede Frau hätte diese Selbstverleugnung oder „Seelengröße", wie Karl Schumann es nennt, aufgebracht.

Bei der Wiener Erstaufführung des „Intermezzo" unter der persönlichen Leitung des Komponisten sang wieder Lotte Lehmann die Kapellmeistersgattin, deren Original, *Pauline Strauss,* im Zuschauerraum saß. Den Kapellmeister Storch sang *Alfred Jerger,* der das Ebenbild des Meisters höchst gutmütig anlegte und auf der Bühne alle Launen seiner Gattin geduldig über sich ergehen ließ, bis ihm schließlich sein Temperament durchging und er, gleichsam außer Programm, zornig mit der Faust auf den Tisch schlug. – Regisseur Lothar Wallerstein wollte die Szene korrigieren, doch Strauss applaudierte: „Ausgezeichnet! Genau so soll es bleiben!" In der Pause aber nahm Pauline den Sänger auf die Seite und sagte: „Gut haben S' das g'macht, Jerger. Nur das Auf-den-Tisch-Hauen, das lassen S' bleiben. Das tät' sich der Richardl z'Haus nie trauen."

Als Zeichen seiner Bewunderung und Verehrung widmete *Hermann Bahr* dem Komponisten sein Lustspiel „Das Konzert". Strauss bedankte sich mit den Worten: „Vielleicht bringt mein weltbekannter Dusel auch Ihrem Werke mal Glück!" In der Hauptperson des Lustspiels, dem Pianisten Gustav Heink, erkannte er sofort das ungeliebte Urbild: „Weingartner ist glänzend getroffen!"

Strauss brachte sogar seine Skatpartie auf die Bühne. Dabei ließ er es in der Musik an heiteren parodistischen Anspielungen nicht fehlen. Wenn Kapellmeister Storch singt: „Ach so ein Skätchen ist ein Genuß, die einzige Erholung nach der Musik!", dann erklingt im Orchester und auf der Bühne, gesungen und geblasen, das Sehnsuchtsmotiv aus „Tristan und Isolde".

Strauss widmete das „Intermezzo" seinem – damals bereits 27jährigen – „lieben Sohne Franz". In einem Brief an Hofmannsthal aber zog er die Summe aus seiner „bürgerlichen Komödie" mit den Worten: „So harmlos und unbedeutend die Anlässe zu diesem Stück sind, . . . was durch sie hervorgerufen wird, sind schließlich immer noch die schwersten Seelenkonflikte, die ein Menschenherz bewegen können." Und er knüpfte daran die Hoffnung: „. . . vielleicht kommen auch noch einmal theatralisch etwas hochentwickeltere Menschen, die . . . das ‚Intermezzo' besser würdigen als die heutige Kinogeneration." – Kein Geringerer als *Max Reinhardt* stellte fest, er halte das „Intermezzo" für so gut, daß er es ohne weiteres auch als Sprechstück aufführen würde.

Als Strauss im Mai 1926 die Partitur des ersten „Helena"-Aktes vollendet hatte, schrieb er an Hofmannsthal: „Fahre morgen nach Griechenland, um mir ein paar schöne Melodien für den zweiten Akt zu holen, wenn gleich mein Herr Biograph Specht es altmodisch findet, daß ich heute nur mehr den Ehrgeiz habe, ‚schöne Musik zu machen'. Ja, ja, der Esel ist ein dummes Tier, der Elefant kann nichts dafür."

Etwa um dieselbe Zeit notierte der Strauss-Biograph Ernst Krause in sein Manuskript: „Weil alles, was er schrieb, als Inkarnation des schönen Klanges erscheint, weil alles Farbe, Glanz und Charme besitzt, glaubten und glauben seine Gegner am tieferen Wesen seiner Musik zweifeln zu müssen. Denn nichts können sie weniger vertragen als eine Musik, die in blühender Farbigkeit ‚klingt'."

Vor der Dresdner „Helena"-Premiere hielt es Strauss plötzlich für notwendig, in der Öffentlichkeit einen Kommentar über sein neues Opus abzugeben. Seine Begründung lautete: „Vorreden sind heute besonders modern. Sogar Burschen wie Schönberg und Křenek geben zu ihrem Bockmist ‚erläuternde Vorträge'."

Die Münchner Presse aber vergaß nicht zur weiteren Erläuterung ihren Lesern mitzuteilen, daß Richard Strauss für seine „Helena"-Partitur vom Verleger ein Honorar von 50.000 Dollar erhalten habe, „das höchste Honorar, das jemals für ein Opernwerk . . . gezahlt wurde". Fairerweise fügte sie jedoch hinzu, daß *Franz Lehár* für seinen „Paganini" genau das Doppelte bekommen habe.

Die Uraufführung der „Ägyptischen Helena" fand im Juni 1928 in Dresden unter *Fritz Busch* statt. Elisabeth Rethberg sang die Titelpartie, die wenige Tage später in Wien unter Richard Strauss von der *Jeritza* verkörpert wurde, jener Helena, an die beide, Strauss und Hofmannsthal, beim Dichten und Komponieren gedacht hatten.

Vor der ersten Probe kam Fritz Busch nach Garmisch. Der Hausherr spielte ihm die neue Oper vor und bat ihn um seine ehrliche Meinung. Busch nahm sich kein Blatt vor den Mund, sondern erklärte offen, daß es, seiner Meinung nach, darin Stellen gäbe, die „gar zu billig in der Erfindung" wären. Strauss protestierte keineswegs, sondern bestätigte ungeniert diese Kritik mit den Worten: „Mein lieber Busch, des braucht's halt für die Dienstmadeln. Glauben S' mir: das Volk ging net in den ‚Tannhäuser', wenn des Lied an den Abendstern net drin wär'; oder in ‚Walküre' ohne die ‚Winterstürme'."

In den Krisenjahren nach dem Ersten Weltkrieg klagte Fritz Busch, damals Operndirektor in Dresden, über den galoppierenden Besucherschwund. „Eine Oper wie den ‚Tristan' kann man überhaupt nicht mehr spielen. Da geht ja kein Mensch mehr hinein!" Richard Strauss, an den die Klage gerichtet war, erwiderte: „D i e Oper müssen S' spiel'n, auch wenn nur mehr ein Mensch im Theater sitzt, denn der is' dann der letzte Deutsche."

Der Dirigent *Karl Alwin,* der in Anwesenheit des Komponisten die Wiener Erstaufführung der „Ägyptischen Helena" einstudierte, urteilte über das Werk, daß sich Strauss nach seiner Hinwendung zu Mozart in der „Ariadne" nun wieder der breiten Linie Wagners genähert habe. Darauf Strauss: „Wagner meinen Sie? Ja, aber dann is es ein griechischer Wagner!"

Der Premierenglanz von Dresden und Wien, dem sich auch noch Berlin mit einer Galavorstellung unter Leo Blech anschloß, dunkelte überraschend schnell nach. Den Grund ahnte Strauss wohl selbst, als er erklärte: „Über die Musik ist wenig zu sagen; sie ist, fürchte ich, melodiös, wohlklingend, und bietet für Ohren, die über das neunzehnte Jahrhundert hinausgewachsen sind, leider keinerlei Probleme . . ." Aber es wäre nicht Strauss, wenn er nicht diesem ironischen Geständnis gleich eine Spitze aufsetzen würde. „Probleme" – so setzt er fort – „das beliebte Schlagwort der immer Halbfertigen, gleichbedeutend mit einer Sache, die nicht ganz gekonnt ist. Bei Mozart, zum Beispiel, gibt es keine Probleme, oder man könnte sagen, sie sind gelöst, bevor sie gestellt sind."

Am 15. Juli 1929 starb *Hugo von Hofmannsthal* aus Gram über den Selbstmord seines Sohnes, nachdem er wenige Tage zuvor an Strauss den vollendeten ersten Akt der „Arabella" übersandt hatte. Das Danktelegramm des Komponisten – „Erster Akt ausgezeichnet herzlichen Dank und Glückwunsch treu ergeben Dr. Richard Strauss" – traf bereits einen Toten.

Strauss hatte Hofmannsthal zu dessen 50. Geburtstag mit folgenden Zeilen beglückwünscht: „Daß es Ihre Worte waren, die aus mir das Schönste, was ich an Musik zu geben hatte, herausgeholt haben, darf Ihnen eine schöne Befriedigung gewähren, und so mögen denn Chrysothemis, die Marschallin, Ariadne, Zerbinetta, die Kaiserin und nicht zuletzt ‚bewundert viel und viel gescholten' Helena mit mir bei Ihnen eintreten und Ihnen vor allem danken für alles, was Sie mir von der Arbeit Ihres Lebens gewidmet und in mir gefördert und zum Leben erweckt haben."

Jetzt schrieb Strauss zutiefst erschüttert an die Witwe: „Es ist zu schrecklich! Dieser geniale Mensch, dieser große Dichter, dieser feinfühlige Mitarbeiter, dieser geistige Freund, diese einzigartige Begabung! Noch nie hat ein Musiker einen solchen Helfer und Förderer gefunden – niemand wird ihn mir und der Musikwelt ersetzen!"

Strauss sandte den „Arabella"-Text an den ihm befreundeten Inhaber des Insel-Verlages, *Anton Kippenberg,* der behutsam Kritik übte: „Der Hofmannsthal'sche Text steht seltsam zwischen Oper und Operette . . .", worauf Strauss replizierte: „. . . schließlich ist das ganze Wien nichts anderes als ein Gemisch von Oper und Operette."

Strauss, der nicht nur seine Lieder, sondern auch seine Opern – unabhängig vom Klavier – gleich direkt ins Manuskript zu schreiben pflegte, erschien anläßlich der „Arabella"-Uraufführung in Dresden zur ersten Orchesterprobe, ließ sich genüßlich im Parkett neben seinem ersten Mandryka nieder und sagte: „Sehn S', das is einer der schönsten Momente in meinem Leben, wenn i mi zum ersten Mal hör'!"

Einmal fuhr Richard Strauss mit dem Staatsopernsänger *Alfred Jerger* zu einer Erstaufführung seiner „Arabella" in Richtung Italien. Auf der Fahrt zog er einen Brief aus der Tasche und meinte zu Jerger: „Schaun S', da hab' ich heute einen Liebesbrief von meiner Frau gekriegt!" Jerger wollte nicht indiskret sein, aber Strauss animierte ihn zum Lesen. Zu seiner Verblüffung fand der Sänger in dem Schreiben weder eine Intimität, noch eine Spur von Zärtlichkeit, wohl aber eine ganze Portion handfester münchnerischer Invektiven, die unter Fremden zu einer Ehrenbeleidigungsklage gereicht hätten. Als Jerger darüber sein Erstaunen ausdrückte, belehrte ihn der Meister: „Ja, mein Lieber, das muß man halt lesen können; die Zärtlichkeiten stehen zwischen den Zeilen!"

Um diese Zeit verordnete Pauline ihrem Gatten wegen eines Rheuma-Anfalles eine radikale Hungerkur, worauf *Knappertsbusch* angesichts des schlank gewordenen Skatpartners reimte:

Wie ist das möglich, frag' ich nur,
daß angesichts der Hungerkur
und des Verzichts auf Küch' und Keller
die „Ara" wurde bell und beller?

Die „Arabella" wurde am 1. Juli 1933 in Dresden von Clemens Kraus mit dessen Gattin Viorica Ursuleac in der Titelpartie aus der Taufe gehoben.

Die Erstaufführung in italienischer Sprache fand in Genua unter der Stabführung des Komponisten statt. Zwischen den Proben vergnügte sich Strauss mit seinem geliebten Kartenspiel. Da nur ein einziger Partner zur Verfügung stand – Manfred Mautner Markhof, der mit von der Partie war – konnte nicht Skat gespielt werden. Man entschloß sich für Pikett. Der Einsatz war hoch. Strauss verlor und verlor. Plötzlich erhob er sich und sagte zu Mautner Markhof: „Gehn S' rufen S' mir den Manager Günzburg in Monte Carlo an!" Und als die Verbindung hergestellt war, rief er durchs Telephon: „Hören Sie, ich muß Ihnen mitteilen, ich möchte doch noch ein zweites Konzert dirigieren!"

Bei den Proben gab es mit der italienischen Arabella einige Schwierigkeiten. Der sonst so konziliante Strauss zeigte sich von seiner rigorosesten Seite. Die Schlußszene, in der die Titelheldin ihrem Bräutigam das berühmte Glas Wasser über die Stiege entgegenbringt, mußte die arme Primadonna an die zehn Mal wiederholen, bis sie weinend zusammenbrach. *Manfred Mautner Markhof,* der alle Proben mitmachte, meinte nachher zu Strauss: „Warum waren S' denn mit der Armen so grauslich? Es war doch eh alles in Ordnung." Darauf der Meister: „I kenn' das italienische Publikum; das muß ganz präzise sitzen. I möcht' net, daß von der Galerie einer herunterruft: ‚Perchè non è vino?!'"

Nach dem Rücktritt des greisen Franz Schalk von seinem Amt als Staatsoperndirektor suchte man in Wien nach einer initiativen jüngeren Kraft. Man verhandelte mit Bruno Walter, dann mit Wilhelm Furtwängler, der seine bereits schriftlich gegebene Zusage im letzten Moment wieder zurückzog. Als auch *Clemens Krauss* zögerte, der damals Operndirektor in Frankfurt war, telegraphierte Strauss an ihn: „Beschwöre Sie, sofort ohne Bedenken anzunehmen, vertrauen Sie auf sich und mich, es ist der entscheidende Augenblick. Eilbrief unterwegs!"

Und in diesem Eilbrief betonte Strauss: „Ein Vertrag ist schließlich ein Fetzen Papier und das allein Entscheidende – die Persönlichkeit und das Können! . . . Im Namen der hilfsbedürftigen Oper, im Namen Wiens – unterschreiben Sie und kommen Sie!"

Clemens Krauss kam, unterschrieb und führte die Wiener Staatsoper von 1929 bis 1934 trotz schwerer Zeiten in eine glanzvolle Periode. Er brachte die Strauss'sche „Idomeneo"-Bearbeitung und die „Arabella", sowie die Wiener Fassung der „Ägyptischen Helena" zur Erstaufführung. Als er in seiner ersten Saison die „Salome" nur ein einziges Mal dirigierte, verdonnerte ihn Strauss in einem scherzhaften

17 Karikiertes Porträt von 1911

Am Pult sitzt hier Herr Richard Strauß,
In der ganzen Welt begrüßt mit Applaus,
Sein Taktstock ist stets sehr erregt,
Wenn er das eigene Schlagobers schlägt.
Doch jetzt ist's mit der Herrlichkeit aus,
Hinaus aus dem Haus muß der Richard
Strauß.
Warum er jetzt nicht mehr dirigiert?
Weil er den Schalk im Nacken spürt.

18 Die Codirektoren der Wiener Oper

Brief „wegen arger Fahrlässigkeit zu lebenslänglichem Wien". Die „hohen künstlerischen Fähigkeiten des p. p. Krauss" bezeichnete er dabei als „straferschwerend".

Als Hofmannsthal tot war, wandte sich Strauss an den Chef des Insel-Verlages, Anton Kippenberg, mit der Bitte um eine Vermittlung zwischen ihm und seinem Verlags-Autor *Stefan Zweig.* Die Begegnung kam zustande, Zweig schlug dem Komponisten als Opernstoff das Thema „The Silent Woman" von Ben Jonson vor und war völlig überrascht, wie schnell, wie klarsichtig Strauss auf alle seine Vorschläge einging. „Nie hätte ich bei ihm einen solchen rapid auffassenden Kunstverstand, eine so erstaunliche dramaturgische Kenntnis vermutet."

Wie schrieb Strauss 1916 an Hofmannsthal? „Wir Musikanten sind ja für ziemlich schlechten Geschmack in ästhetischen Dingen bekannt."

Noch vor dieser ersten Begegnung, die 1931 in München stattfand, hatte Stefan Zweig zur Anbahnung der Bekanntschaft dem Meister den Privatdruck eines der berühmten Mozart'schen „Bäsle"-Briefe („für die Öffentlichkeit nicht geeignet") als Geschenk übersandt, worauf Strauss dankend zurückschrieb: „. . . es wird Sie interessieren, daß ich einen Originalbrief des Göttlichen – auch an das Bäsle – besitze, der aber leider so anständig ist, daß er sogar in einem Mozart-Verein verlesen werden kann."

Im Jänner 1933 hatte Strauss bereits den kompletten Text in Händen, den besten, „der auf dem Gebiet der Opéra comique seit dem Figaro geschaffen worden ist", wie er Kippenberg meldete. Und an Zweig schrieb er: „Ich skizziere schon fleißig am 1. Akt – er componiert sich glänzend . . . Wenn die Oper heraus ist, wäre Ihnen wohl eine Weltreise von drei Jahren zu empfehlen, denn Sie werden sich vor Libretto verlangenden Collegen nicht retten können!" Schließlich machte er Zweig eine Liebeserklärung in Form eines Zitats aus seinem berühmten Lied „Ich trage meine Minne": „Ja, daß ich dich gefunden, du liebes Kind, das freut mich alle Tage, die mir beschieden sind."

Am 30. Jänner 1933 beruft Hindenburg Adolf Hitler zum Reichskanzler. Eine Welle der Emigration setzt ein. Strauss bleibt in Garmisch und wird ohne seine vorherige Zustimmung am 15. November zum Präsidenten der Reichsmusikkammer ernannt. Er hat zweieinhalb Jahre später die Annahme dieses Amtes in einem schicksalhaften Brief an Stefan Zweig folgendermaßen kommentiert: „Daß ich den Präsidenten der Reichsmusikkammer mime? Um Gutes zu tun und größeres Unglück zu verhüten. Einfach aus künstlerischem Pflichtbewußtsein! Unter jeder Regierung hätte ich dieses ärgerreiche Ehrenamt übernommen, aber weder Kaiser Wilhelm noch Herr Rathenau haben es mir angeboten."

KAPITEL VIII

Glauben Sie, daß Mozart »arisch« komponiert hat?

oder

VON DER SCHWEIGSAMEN FRAU ZUM CAPRICCIO

National is ein Kunstwerk dann,
wenn man's im Ausland nirgends
g'scheit los wird.

Richard Strauss

1933 begann in Deutschland nicht nur das „Tausendjährige Reich“, sondern auch das Zeitalter des Fragebogens. Natürlich versandte die neugegründete Reichsmusikkammer an sämtliche deutsche Komponisten ein solches ominöses Formular. Der Präsident der Kammer, Dr. Richard Strauss, wurde da keineswegs verschont. Nachdem Strauss die Frage „Wie können Sie Ihre Komponisteneigenschaft sonst erweisen?“ mit einem bajuwarischen Kraftausdruck übersprungen hatte, schrieb er in die Rubrik „Benennung von zwei bekannten Komponisten als Bürgen“ die Namen „Mozart und Richard Wagner“.

Als sich Strauss genötigt sah, „Ahnenforschung“ zu betreiben, stellte er – im Hinblick auf seinen Dresdner Bühnenbildner *Leonhard Fanto* – grantig fest: „Der Fanto hat's g'scheit g'macht, der hat einfach g'sagt, er is a Findelkind. Jetzt können s' ihm den Hobel ausblasen!“

Als Toscanini 1933 seine Mitwirkung bei den Bayreuther Festspielen kurzfristig absagte, sprang Richard Strauss – im letzten Augenblick und ohne Honorar – für ihn ein und dirigierte den „Parsifal“. *Wolfgang Wagner* stoppte die Zeit und stellte fest, daß Strauss für den ersten Akt fast eine halbe Stunde weniger benötigt hatte als Toscanini. Dazu bemerkte er vergnügt: „Strauss' ‚Parsifal‘ ist wunderbar, klingt wie ein Walzer, und man bleibt dabei munter.“

Zum 70. Geburtstag des Meisters brachte der „Simplicissimus“ eine Strauss-Karikatur von *Olaf Gulbransson* und dazu folgendes Poem:

Der großen Meister alte
Tönesprache
hast du beschenkt mit tausend
neuen Klängen.
Du schlugst den Fels, und er
begann zu tönen,
das ganze Weltall zwangst du zu
Gesängen.
Du bliebst der Tänzer, Jubler,
bliebest treu dem Schönen,
als ringsum alles in Verwirrung
sank.
Habe Dank!

Fünf Jahre später, als *Hans Pfitzner* siebzig war, probte *Clemens Krauss* in der Wiener Staatsoper gerade den Strauss'schen „Friedenstag". Bei einer Stelle wandte sich der Dirigent zu dem hinter ihm stehenden Komponisten um und meinte: „Das klingt nach Pfitzner, haben Sie ihm das zum Geburtstag geschrieben?" Darauf Strauss: „Ja, das is eine besonders schwache Stell'!"

Das Verdienst, die Kluft zwischen den beiden Antipoden aufgerissen zu haben, gebührt dem Publizisten *Walter Abendroth*, der in seiner Pfitzner-Biographie dem Komponisten des „Rosenkavalier" in verschlüsselter Form das „Hackl ins Kreuz" warf: „Wer die gehobene Männlichkeit der musikalischen Sprache Hans Pfitzners als asketisch empfindet, der beweist dadurch nur eines: daß seine verdorbenen Ohren das von andern Einflüssen her angewöhnte feminine Schwelgen und Duseln in klanglichen Fettpolstern hier vergeblich suchen."

Als *Peter Raabe*, Musikschriftsteller, Dirigent und als Präsident der Reichsmusikkammer Strauss' Nachfolger, die Ausfälle seines Kollegen Abendroth mit kritischer Feder aufspießte, übersandte ihm Strauss eine Goethe-Vertonung mit der Unterschrift: „Ein im Abendrot des femininen 19. Jahrhunderts auf klanglichen Fettpolstern duselnder Programmusiker."

Zum Internationalen Musikfest 1935 in Donaueschingen fanden sich neben Richard Strauss die beiden Komponisten Nikolaus von Reznicek und Jacques Ibert ein. Bei einer Vormittags-Party kamen die drei Kollegen ins Gespräch. Natürlich plauderte man über Musik. Frau Pauline und die Reznicek-Tochter Felicitas saßen unbeteiligt dabei. Meinte *Pauline Strauss* gelangweilt zu Felicitas: „Kommen S', gemma in die Stadt Auslagen anschaun. Die Männer reden doch immer wieder über dasselbe: Mozart, Beethoven, Brahms – lauter tote Leut'!"

Der motorischen Musik stand Strauss ebenso reserviert gegenüber wie den atonalen Klangkonstruktionen. Nachdem er sich einmal in Donaueschingen ein neues Streichquartett von *Paul Hindemith* angehört hatte, fragte er den Komponisten: „Wie lang hab'n S' denn dran g'arbeit?" – „Vier Tage", lautete die Antwort. Darauf Strauss: „Des hab' i ma glei' 'denkt!"

Die Uraufführung der „Schweigsamen Frau" wurde wieder Dr. Karl Böhm in Dresden anvertraut, der sich nach dem ersten Studium der Partitur begeistert über das Werk äußerte, worauf ihm Strauss schrieb: „Freut mich, daß Ihnen der ‚Rossini' gefällt! Aber schwer ist der Schmarrn, glaube ich."

Einmal entrang sich Richard Strauss der Stoßseufzer: „Uns Deutschen steckt der Contrapunkt-Teufel im Leib!“ Und in diesem Sinn schrieb er 1935 aus Bad Kissingen, wo er zur Abmagerungskur weilte, an Karl Böhm, der eben in Dresden die Uraufführung der „Schweigsamen Frau“ vorbereitete: „Sind die Ensembles gut zum Klingen zu bringen oder ein wildes Durcheinander? . . . Ich weiß, es ist alles recht schwer, aber Sie werden es schon schaffen! Warum bin ich nicht als Verdi oder meinetwegen als Puccini auf die Welt gekommen! Der Teufel hol den deutschen Contrapunkt! – Mit herzlichen Grüßen Ihr aufrichtig ergebener Dr. Richard Strauss weniger 5 Kilo.“

Die Dresdner Uraufführung der „Schweigsamen Frau“ am 24. Juli 1935 unter Karl Böhm mit Maria Cebotari in der Titelpartie wurde ein glanzvolles Ereignis. In seinen geheimen „blauen Schreibheften“, deren Inhalt erst nach seinem Tod veröffentlicht wurde, notierte Strauss nach der Premiere: „Das Werk allein hat gesiegt, obwohl Hitler und Goebbels . . . der Dresdner Aufführung ferngeblieben waren . . . Aber es ist eine traurige Zeit, in der ein Künstler meines Ranges ein Bübchen von Minister um Erlaubnis fragen muß, was er componieren und aufführen lassen darf. Ich gehöre halt auch zur Nation der ‚Bedienten und Kellner‘ und beneide daher meinen rasseverfolgten *Stefan Zweig*, der sich nun definitiv weigert, offen und geheim für mich zu arbeiten, da er im Dritten Reich keine ‚Spezialduldung‘ beansprucht.“

Vor der Premiere hatte es allerlei Stunk gegeben. Obwohl die Aufführung von Hitler persönlich gebilligt worden war, hatte der Intendant der Dresdner Oper vorsichtshalber den Namen des Textdichters auf dem Theaterzettel eliminiert. Zwei Tage vor der

Uraufführung saß Strauss im Hotel Bellevue mit dem Bühnenbildner Leonhard Fanto und dem Intendanten-Stellvertreter Franz Schuch, dem Sohn des großen Strauss-Dirigenten, beim Skat, als er plötzlich beim Kartenmischen ganz unvermittelt forderte: „Aber den Theaterzettel will ich sehen!"

Es half keine Ausrede, der Zettel mußte her. Als ihn Strauss erblickte, bekam er „seinen berühmten roten Kopf" und erklärte dezidiert: „Das könnt's Ihr ja machen, aber ohne mich! I reis' morgen in der Früh ab, und die Aufführung wird ohne mich stattfinden!"

Strauss fügte eigenhändig den Namen Stefan Zweig ins Programm. Und dabei blieb es. Die Drohung des Komponisten tat ihre Wirkung, denn man scheute den öffentlichen Skandal. Strauss aber setzte sich in seiner Erregung hin und machte in einem Schreiben an den Textdichter seinem Ärger Luft. Darin hieß es unter anderem: „Glauben Sie, daß ich jemals aus dem Gedanken, daß ich Germane (vielleicht, qui le sait) bin, bei irgendeiner Handlung mich habe leiten lassen? Glauben Sie, daß Mozart bewußt ‚arisch' komponiert hat? Für mich gibt es nur zwei Kategorien Menschen: solche die Talent haben und solche die keins haben, und für mich existiert das Volk erst in dem Moment, wo es Publikum wird. Ob dasselbe aus Chinesen, Oberbayern, Neuseeländern oder Berlinern besteht, ist mir ganz gleichgültig, wenn die Leute nur den vollen Kassenpreis bezahlt haben . . ."

Der Brief hat den Empfänger nie erreicht. Er wurde von der Gestapo abgefangen und der Reichskanzlei zugespielt. Daraufhin blieben Hitler und Goebbels – „wegen eines den Abflug aus Hamburg verhindernden Gewitters" – der Premiere fern. Die „Schweigsame Frau" wurde nach der dritten Vorstellung abgesetzt und für ganz Deutschland verboten. Richard Strauss legte sein Präsidentenamt nieder.

Tatsächlich hat sich Strauss bereits 1934 innerlich von seinem Amt distanziert. „Ich höre“, so äußerte er sich in einem Brief, „daß der Arierparagraph verschärft und ‚Carmen‘ verboten werden soll! An derartigen weiteren Blamagen wünsche ich als ‚Verfemter des Geistes‘ mich sowieso nicht aktiv zu beteiligen . . . Meine Zeit ist mir zu kostbar, um mich an diesem Dilettantenunfug weiter zu beteiligen!“

Und als Strauss „von höchster Stelle“ aufgefordert wurde, künftig nichtarische Textdichter zu meiden und sich an Stoffe aus der germanischen Sagenwelt zu halten, erklärte er strikt: „Das werde ich nicht tun, denn dieses Kapitel ist mit dem Trauermarsch aus der ‚Götterdämmerung‘ abgeschlossen!“

Als die „Schweigsame Frau“ nach dem Inferno des Zweiten Weltkriegs auf den vom Bombenhagel verschont gebliebenen Musikbühnen Deutschlands wieder erschien, schrieb Strauss an *Joseph Keilberth,* den Dirigenten der Dresdner Reprise: „Es ist nun, nach 10 Jahren der ehrenwerte Sir Morosus aus dem Konzentrationslager der Reichstheaterkammer befreit worden und in seinen Geburtsort zurückgekehrt, wo ich vor 12 Jahren schon viele Mühe hatte, den Namen des Textdichters auf den Theaterzettel zu bringen.“

Ehe sich Stefan Zweig nach London absetzte, hatte er dem drängenden Komponisten einen Nachfolger als Textdichter empfohlen: seinen Freund *Joseph Gregor,* Direktor der Theatersammlung der Österreichischen Nationalbibliothek und Verfasser einer auch von Strauss geschätzten „Weltgeschichte des

Theaters". Aber Strauss wollte nicht von Zweig lassen, und winkte ab: „Grüßen Sie den lieben Gregor, aber was ‚Libretti' betrifft, sitze ich lieber auf einem – Ast!"

Dann aber kam es doch zur Zusammenarbeit. Gregor traf den Meister zum ersten Mal im Juli 1935 in Berchtesgaden und brachte auf mehreren Blättern gleich drei Textentwürfe mit: „Friedenstag", „Daphne" und „Die Liebe der Danae". Gregor berichtet, wie Strauss „bei keinem der Blätter länger als zwei Minuten verweilte, auch keines ein zweites Mal überflog. Vielmehr legte er schon während des Lesens drei beiseite, die er mir dann mit der Bemerkung zurückreichte, sie würden ihn als dramatische Stoffe interessieren. Binnen einer kurzen Viertelstunde war das Arbeitsprogramm von vier Jahren festgestellt".

Bei der Zusammenarbeit ging es dann beileibe nicht so glatt. Von der „Daphne" mußte Gregor nicht weniger als drei Textfassungen herstellen, da Strauss immer wieder etwas auszusetzen hatte, wobei er sich kein Blatt vor den Mund nahm. Als er Gregor „schlecht imitierten Homerjargon" und „Weltanschauungsbanalitäten" vorwarf, wies dieser tiefgekränkt darauf hin, daß er das Stück „in einer wahren und echten Begeisterung geschrieben" habe, worauf Strauss erwiderte: „. . . seien Sie mißtrauisch gegen diese gefährliche ‚wahre und echte Begeisterung', in der Sie das Stück geschrieben haben wollen. Solche Produkte halten weder dem nüchternen Kunstverstand stand, noch erwecken sie dieselben Empfindungen beim Zuhörer."

Mit der dritten Fassung klappte es dann doch. *Karl Böhm* berichtet, daß Gregor im oberen Stock der Garmischer Villa den Text ins Reine schrieb und Blatt für Blatt ins ebenerdig gelegene Arbeitszimmer zu Strauss sandte, der das Manuskript, bei dem „die Tinte noch naß war", in Töne setzte.

Böhm schildert den Vorgang folgendermaßen: Er und der Meister lagen gemütlich im Lehnstuhl, als der Filius von oben die Blätter brachte. „Strauss las sie durch und reichte sie mir dann herüber. Da geschah das fast Unfaßbare, was mich geradezu unmittelbar den Schöpfungsprozeß miterleben ließ. Die Seite hatte am Rand – ich wiederhole: nach dem ersten Durchlesen – bereits Angaben des Rhythmus, meistens auch der Tonart, und, wo es sich um mehrere Personen handelte, auch schon präzise Hinweise auf die musikalische Form vermerkt. Dabei brauchte Strauss zu dieser ja bereits schöpferischen Tätigkeit kaum mehr Zeit, als ich zum Durchlesen des Textes."

Joseph Gregor kam einmal unangemeldet zu einer Arbeitsbesprechung nach Garmisch-Partenkirchen. Er traf Strauss gerade beim Komponieren und entschuldigte sich vielmals wegen der Störung. „Aber i bitt' Sie", beruhigte ihn der Meister, „das is doch ka Malheur. Das is ja das Angenehme bei mei'm G'schäft: i kann aufhören und wieder anfangen, wann's mir paßt."

Seinen Arbeitseifer pflegte Strauss übrigens gerne zu „unterspielen". Einmal fügte es sich, daß er auf einer Tournee im Zugsabteil mit dem Dirigenten *Arthur Nikisch* zusammentraf. Man plauderte über die Unbequemlichkeiten des Reisens. Da meinte Nikisch: „Ah, ich schlafe nirgends besser als unterwegs im Schlafwagen." Darauf Strauss: „No ja, da kennen S' halt mei Arbeitszimmer net!"

In einem seiner vielen handgeschriebenen Briefe – er war an Karl Böhm gerichtet – schloß Strauss die Schilderung seines Tageslaufs mit den Worten: „Componieren – wie schon immer – nebenbei." Das war eine scherzhafte Falschmeldung. Tatsächlich hat Strauss – wie Schubert und Mozart – immer komponiert und gelebt nur nebenbei. Er hat dies Jahre später schwarz auf weiß bestätigt, indem er für ein in den USA veröffentlichtes „Buch der modernen Komponisten" das Bekenntnis ablegte: „Ich komponiere überall, auf dem Spaziergang oder auf der Fahrt, beim Essen oder Trinken, zu Hause oder auswärts, in lärmenden Hotels, in meinem Garten, im Eisenbahnwagen. Mein Skizzenbuch verläßt mich nie, und sobald sich ein Motiv einstellt, notiere ich es. Eine der wichtigsten Melodien des ‚Rosenkavalier' ist mir eingefallen, als ich Skat spielte."

Hierher gehört auch jene an Karl Böhm gerichtete Briefstelle aus dem Jahre 1947: „Die Leute greifen mich an, weil ich so gern Skat spiele. Böhm, ich versichere Ihnen, das ist der einzige Moment in meinem Leben, wo ich nicht arbeite. Sonst geht das oben bei mir immer weiter . . ."

Daß Richard Strauss nicht nur ein eminenter „Arbeitskünstler", sondern auch ein begnadeter „Einfallskünstler" war, verrät die Entstehungsgeschichte des Liedes „Traum durch die Dämmerung", die der Meister Freund Böhm anvertraute. Schon beim ersten Durchlesen des Gedichtes von Julius Bierbaum sei ihm die Melodie eingefallen und er wollte sie sofort niederschreiben. In dem Augenblick trat Pauline ins Zimmer und stellte resolut fest: „Ich zieh mich an; wir geh'n spazieren!" Vergeblich versuchte der Gatte, das Attentat abzuwenden. Pauline blieb fest. Nach zwanzig Minuten erschien sie mit Hut und Mantel wieder und verkündete: „Ich bin fertig!“ Strauss legte den Bleistift weg und sagte: „Ich auch!“

Während des Zweiten Weltkrieges, da man im Rundfunk täglich die Wehrmachtsberichte hören konnte, erst rasch, dann langsam „zum Mitschreiben“, leitete Strauss in der Wiener Staatsoper seine „Salome“. In einer der Logen saß *Knappertsbusch*, der das Werk eine Woche später dirigieren sollte. Strauss hatte den kollegialen Zuhörer bemerkt, der für seine langsamen Tempi bekannt war. Der Vorhang fiel, der Beifall rauschte auf. Strauss legte den Taktstock hin, reichte dem Konzertmeister dankend die Hand, deutete zur Knappertsbusch-Loge hinauf und sagte: „Und nächste Woche, meine Herren, die ‚Salome‘ zum Mitschreiben . . .“

Bei einer der Proben zur „Daphne“ – sie ist *Karl Böhm* gewidmet, der sie auch in Dresden aus der Taufe hob –, fragte der Dirigent den Komponisten, ob man nicht diese oder jene Stelle streichen könnte. Darauf Strauss: „Wenn Sie's streichen wollen, dann streichen Sie's halt. Ich hätt's nicht hing'schrieb'n, wenn ich's g'strichen haben wollt'.“

Bei der öffentlichen Generalprobe zur Dresdner Uraufführung mit Margarete Teschemacher und Torsten Ralf in den tragenden Partien saß *Pauline Strauss* in der ersten Parkett-Reihe. Als der letzte Akkord verklungen war, trat sie an den Dirigenten Karl Böhm heran und gab ihm coram publico ein „Busserl“ auf die Wange. Nachher meinte sie: „A zweites krieg'n S' jetzt net. Jetzt schwitzen S' ma z'viel!“

Überschwenglichkeit war Strauss seit jeher verdächtig. Als Joseph Gregor, der Librettist von „Friedenstag“, nach Anhören des Klavierauszuges in die hymnischen Worte ausbrach: „Ich kann nur den Schluß der Neunten zum Vergleich finden, aber der Schluß des ‚Friedenstages‘ ist noch einfacher, monumentaler, kuppelhafter . . .“, erwiderte Strauss ungerührt: „Hoffentlich überschätzt Ihre Autorenfreude mich nicht.“

Viorica Ursuleac kreierte die weiblichen Hauptpartien in vier Strauss-Opern: „Arabella“, „Friedenstag“, der ihrem Gatten Clemens Krauss und ihr gewidmet ist, „Capriccio“ und „Die Liebe der Danae“. 1953 sang sie zum ersten Mal in Salzburg die „Vier letzten Lieder“. Ihre erste Begegnung mit Strauss fand 1928 in Frankfurt a. M. statt, wo sie in einer vom Komponisten geleiteten „Elektra“ die Chrysothemis zu verkörpern hatte. Bei ihrer letzten Phrase „Elektra, ich muß bei meinem Bruder stehn!“ hielt sie das hohe H besonders lang aus. Strauss zuckte ein wenig zusammen, gab aber sofort nach, zugleich neigte er sich zum Konzertmeister hinab und raunte ihm etwas zu. Die Sängerin erkundigte sich nachher beim Konzertmeister, was Strauss geraunt habe. „Das wäre ein H für den ‚Fidelio‘!“ hatte er gemeint. Kurz entschlossen ging die Ursuleac zu ihm und fragte vorwurfsvoll: „Warum für den Fidelio? Warum nicht ein H für den Strauss?“

Zehn Jahre später erhielt die Sängerin den „Friedenstag“-Klavierauszug mit der Widmung: „Da haben Sie 20 hohe H von Strauss!“

Bei der Uraufführung des „Friedenstages“ sang *Hans Hotter* den Kommandanten. Ihm empfahl Strauss: „Bei der Stell’ brauchen S’ net so laut singen, das Orchester is so laut, daß man Sie gar net hört. Machen S' nur den Mund auf und atmen S' tief durch, dann glaubt jeder, Sie haben g'sungen!"

Während der Proben zur Wiener Erstaufführung des „Friedenstages" im Vorsommer 1939 wurde Hotter von seinem chronischen Heuschnupfen befallen. Clemens Krauss, der die Aufführung dirigierte, riet Hotter: „Singen Sie nicht, sprechen Sie nur und stellen Sie dar!" So geschah es auch.

Nach der Probe kam Strauss, der eben seinen 75. Geburtstag beging, auf den Sänger zu, umarmte ihn und sagte begeistert: „Das hat ja toll geklungen!" Hotter, der sich gefoppt fühlte, wehrte lachend ab: „Aber Herr Doktor, ich hab' ja gar nicht gesungen!" Darauf Strauss: „I weiß 's, aber i hab' scho g'hört, wie 's bei der Premier' klingen wird."

Im Anschluß an die Premiere gab es zu Ehren des Geburtstagskindes einen Empfang im Hotel Imperial, zu dem unerwartet Dr. Goebbels erschien. Nach der formellen Begrüßung apostrophierte er den Meister mit den Worten: „Jetzt haben wir das Denkmal von Mendelssohn-Bartholdy doch einschmelzen lassen." Strauss stutzte nur kurz, dann sagte er: „Also doch eine Kanone!"

Straussens behäbiger Spott hat auch die eigene Person nicht verschont. Als er nach der „Schweigsamen Frau" Stefan Zweig zu einem neuen Libretto anregen wollte, bekannte er, daß ihm, dem „süddeutschen Bourgeois", die „Gemütskisten" am besten lägen, wenn auch solche Volltreffer wie das „Rosenkavalier"-Terzett oder das „Arabella"-Duett nicht immer gelängen. Und dann mit schonungsloser Selbstironie: „Muß man 70 Jahre alt werden, um zu erkennen, daß man eigentlich zum Kitsch die meiste Begabung hat?"

Allerdings ergänzte er diese Selbstbezichtigung später mit dem Kommentar, daß das Wort Kitsch mit Vorliebe von denen gebraucht werde, „die, wie der Fuchs nach den Trauben schielend, neidisch über den ‚Effekt' sind, den so eine ‚Tannhäuser'- oder ‚Oberon'-Ouvertüre oder Schillers ‚Räuber' machen".

1941 suchte *Otto Strasser* mit einigen philharmonischen Kollegen den Komponisten in Garmisch auf. Sie brachten gemeinsam die Bitte vor, Strauss möge zum kommenden Hundertjahr-Jubiläum des Orchesters (1942) ein Werk komponieren. Das zugesagte, geplante und auch begonnene Werk „Donau" wurde leider nie vollendet.

Bei dieser Gelegenheit kam Strasser im Gespräch mit Strauss auch auf das Triviale in der Musik zu sprechen. Meinte Strauss: „Na, schaun S', zum Beispiel in der Weber'schen ‚Oberon'-Ouvertüre das aufsteigende Vier-Ton-Thema – ‚O Hüon, mein Gatte!' – is das net trivial? Ja, aber einfall'n muß 's einem halt!"

Kurz darauf übersiedelte Strauss wieder nach Wien in seine Villa beim Botanischen Garten. Als man ihm dort entgegen einer Zusage Baldur von Schirachs Flüchtlinge einquartieren wollte mit dem Hinweis, im Krieg müsse eben jeder Opfer bringen, dem könne sich niemand entziehen, auch nicht der Doktor Strauss, da explodierte der Meister: „I hab' den Krieg net woll'n! Für mi hätt' ka anziger Soldat sterben müssen!"

Im November 1941 – zu Mozarts 150. Todestag – beging man in der Wiener Staatsoper die „Mozartwoche des Deutschen Reiches". Zur Eröffnungsvorstellung – einer neuinszenierten „Entführung" unter Böhm – fand sich auch *Goebbels* ein. Neben ihm in der Loge saßen Gerhart Hauptmann und das Ehepaar Strauss. In der Pause, bei der Gala im Teesalon, wandte sich Pauline an Goebbels: „I gib morgen an großen Tee bei mir, Herr Doktor . . . Hätt' Ihnen so gern eing'laden. Aber i hab' kan Platz mehr, mir san scho so vü Leut'!"

In Wien traf Strauss wiederholt mit *Gerhart Hauptmann* zusammen. In einem Stadtcafé am Stephansplatz plauderte man über künstlerische Fragen. Der Dichter wies auf die Benachteiligung des Dramatikers gegenüber dem Opernkomponisten hin, dem keinerlei Bläsereffekte zur Verfügung stünden, auch keine dunkel drohenden Kontrabässe, durch die sich herankommende Tragik verkünden ließe. „Nicht wahr, verehrter Doktor Strauss, will man tragisches Schicksal melden, dann bedient man sich der Kontrabässe oder der tiefen Bläser", fragte Hauptmann. Darauf der Komponist: „No ja, wenn ei'm nix G'scheiteres einfallt."

Zur Generalprobe von Gerhart Hauptmanns „Iphigenie in Delphi" 1942 im Wiener Burgtheater fand sich neben dem Dichter auch Richard Strauss ein. Als der Vorhang gefallen war und sich das Haus langsam leerte, drängten sich zwei junge Damen an den Dichter heran: „Bittschön um ein Autogramm, wir sind Schauspielschülerinnen aus Schönbrunn!" Während der Dichter die Bitte der einen erfüllte, entdeckte die andere den Komponisten der „Daphne", wandte sich spontan an ihn mit der gleichen Bitte und rief begeistert zu ihrer Kollegin: „Fein, da hab'n wir gleich zwei Fliegen auf einen Schlag!" Strauss schmunzelte: „Na, da habt's aber zwei schöne Fliegen derwischt!"

Im gleichen Jahr erreichte Strauss die Nachricht vom Freitod seines Freundes *Stefan Zweig*. In dessen Abschiedsbrief aus Brasilien standen die Worte: „Ich grüße alle meine Freunde! Mögen sie die Morgenröte noch sehen! Ich, allzu Ungeduldiger, gehe ihnen voraus . . ."

Großer Empfang des Reichsleiters *Baldur von Schirach* in der Wiener Hofburg. Beim Eingang zum Festsaal steht Schirach mit Gattin und begrüßt die ankommenden Gäste. Da erscheint das Ehepaar Strauss. *Pauline* geht energisch auf den Reichsleiter zu und sagt laut und vernehmlich: „Bei Ihnen kann i mir das ‚Heil Hitler' erspar'n. Sie san eh ka Nazi!"

Einmal war Schirachs Kulturreferent *Walter Thomas* in der Jacquingasse zu Gast. Beim Tischgespräch zog Pauline, die bayrische Generalstochter, ungeniert über die „Saupreußen" her: „Zum Beispiel der Göring, der grausliche Kerl . . .!" – „Irrtum, Gnädigste", berichtigte Thomas, „Göring ist in Bayern geboren!" – „Aber Sie", fuhr Pauline ungestört fort, „Sie san doch sicher a Bayer? Oder a Wiener?" – „Ich muß Sie leider enttäuschen, gnädige Frau, ich bin Preuße." – „Na seh'n S', wie alles verkehrt is in dera Welt!"

Als sich 1944 bereits der Zusammenbruch der deutschen Armee abzuzeichnen begann, gab Schirach noch einmal einen Empfang in der Wiener Hofburg. Unter den Ehrengästen abermals das Ehepaar Strauss. Nach kurzer formeller Begrüßung wandte sich Pauline dem Gastgeber zu und sagte großzügig: „Wenn der Krieg verlor'n is, dann hab i für Sie allerweil a Platzerl, wenn S' auf der Flucht san . . .!"

Das Schneiderhan-Quartett musizierte häufig in der Jacquingasse. Nach einem kleinen Hauskonzert am Sonntagvormittag nahm Strauss den Primgeiger zur Seite und sagte, mit einem Seitenblick auf seine Gattin: „Könnten Sie net auch noch am Nachmittag spiel'n, sonst muß i wieder komponieren."

Nach einem Quartettabend vor geladenen Gästen setzte sich Strauss ans Klavier und spielte den vier Musikern das Sextett aus dem noch unaufgeführten „Capriccio" vor. Der Sekundgeiger *Otto Strasser*, den übrigens Strauss im Jahr 1922 an die Staatsoper engagiert hatte, bewunderte die Sauberkeit der wie gestochenen Partitur, aus der Strauss spielte, worauf Frau Pauline laut einfiel: „Ja, ja – seine Partituren und mei' Hauswirtschaft!"

Beim anschließenden Abendessen servierte Pauline eine Vorspeise und führte das große Wort. Als der Hausherr ihren Monolog unterbrechen wollte, fuhr sie ihm über den Mund: „Jetzt red' ich, du iß!" Ein leckerer Kitzbraten wurde aufgetragen – bereits eine Rarität im fünften Kriegsjahr. Strauss schnupperte an der Schüssel, reckte sich und sagte im Ton seiner Gattin: „Und jetzt wird zwanzig Minuten lang nix g'red't!"

Einmal besuchte *Hermann Juch*, der Leiter des künstlerischen Betriebsbüros der österreichischen Bundestheaterverwaltung und spätere Direktor der „Staatsoper in der Volksoper", Strauss in seiner Wiener Villa. Auf dessen Frage bekannte der Gast, daß er Junggeselle sei. „Ah, Sie san no net verheirat' ", erwiderte Strauss. „Da kennen S' ja no gar net die Wonnen des ehelichen Martyriums!"

In der Matinee „Wir kannten Richard Strauss", die 1979 zum 30. Todestag des Meisters beim Carinthischen Sommer in Ossiach stattfand, erklärte der Enkel, Dr. Richard Strauss: „Ohne die Großmama hätte der Großpapa bestimmt fünfzig Prozent der Werke nicht geschrieben, die er komponiert hat!"

Probe zu einem Konzert der Wiener Philharmoniker im Salzburger Sommer 1943 unter Richard Strauss. Auf dem Programm stand zu Beginn Mozarts g-Moll-Sinfonie. Als es zum Finalsatz kam, unterbrach Strauss die Probe und erläuterte die beiden Eingangsthemen folgendermaßen: „Die Viertelfigur des achttaktigen Themas – das is der gemütliche Österreicher, die folgende Achtelfigur – das is der g'schaftelhuberische Preuß!" Und mitten in die großartige Durchführung rief Strauss triumphierend: „Achtung, meine Herren, jetzt g'winnt der Österreicher!"

Den Beginn von Beethovens „Siebenter" deutete Strauss einmal den Wiener Philharmonikern so: „Das ist der Tanz der Kinder um Werthers Lotte."

Die Danae-Sage hatte noch Hofmannsthal als Opernstoff ins Auge gefaßt. Ohne davon Kenntnis zu haben, kam *Joseph Gregor* auf dieselbe Idee. Aber er konnte Strauss damit nicht entzücken: „Weniger gefällt mir Ihr Danae-Entwurf: der Hofmannsthalsche ist feiner, harmloser, graziöser, das Ganze dürfte nur im Styl einer feineren Operette gehalten sein."

Gregor nahm einen neuen Anlauf, das Ergebnis fand jedoch noch weniger Gnade: „. . . der neue Entwurf gefällt mir gar nicht, das ist ein falscher Amphitryon geworden, noch complizierter und witzloser . . . Bitte, bleiben wir strikte bei unserem ersten Entwurf!"

Kaum hielt Strauss das geänderte Manuskript in Händen, setzte wieder seine schonungslose Kritik ein: „Inhaltlich und im Gesamtaufbau ist es richtig, dagegen läßt die sprachliche Ausführung viel Wünsche offen! . . . Der zweite Akt ist ganz große, langweilige Oper und wieder – seien Sie nicht böse – von etwas schulmeisterlicher Ausführlichkeit."

Nach monatelangem Hin und Her, bei dem Strauss mit dem Rotstift wütete und sich kein Blatt vor den Mund nahm – es fielen Worte wie „bänkelsängerhaft", „bombastisch", „nachlässig und ungefeilt: schlechte Parodie!" – mußte der tiefgekränkte Librettist wieder einmal getröstet werden: „Sie hatten mir doch so fest versprochen, daß Sie mir innerhalb der Werkstatt nichts – aber auch gar nichts übelnehmen würden, auch wenn ich, um möglichst deutlich zu sein, mich in brutalster Drastigkeit ausdrücken würde. Nun ist es mir doch gelungen, Sie zu kränken, und das tut mir furchtbar leid! . . . Also die Tonart gewechselt! Von jetzt ab Dur statt Moll!"

Die Komposition selbst ging dem angehenden Achtziger erstaunlich leicht von der Hand. In kaum acht Monaten warf er die Klavierskizze aufs Papier und im Vorsommer 1940 setzte er den letzten Federstrich unter die Partitur. Die „Liebe der Danae" sollte – das war sein Wunsch – erst nach Beendigung des Krieges uraufgeführt werden. Clemens Krauss aber, dessen Gattin dem Werk den endgültigen Titel gab, setzte es durch, daß die Uraufführung bei den Salzburger Festspielen 1944 unter seiner Leitung stattfinden sollte. Die Besetzung stand fest – Viorica Ursuleac, Horst Taubmann und Hans Hotter in den tragenden Partien – und die Proben begannen. Da platzte mitten in die letzte Vorbereitungszeit der Kriegserlaß von Goebbels hinein. Die Salzburger Festspiele wurden abgesagt, die Theater schlossen ihre Pforten.

Clemens Krauss war jedoch fest entschlossen, sich über den Erlaß hinwegzusetzen und das Werk wenigstens einmal vor seinem Schöpfer aufzuführen. Der Coup gelang. Die denkwürdige Generalprobe vor geladenen Gästen fand am 16. August 1944 statt. *Rudolf Hartmann,* der Regisseur des Abends, berichtet darüber: „Augenblicke tiefsten Schweigens vergingen nach dem Verklingen der letzten Töne. Richard Strauss aber trat an die Orchesterbrüstung, hob dankend die Hände und grüßte die Philharmoniker mit tränenerstickter Stimme: ‚Vielleicht sehen wir uns in einer besseren Welt wieder!' "

Nachher fanden die engsten Freunde Strauss in der Garderobe, die Partitur unterm Arm. Er hatte seine Fassung und auch seinen Humor wiedergefunden. Mit verschmitztem Lächeln deutete er nach oben und sagte: „Wenn i dort ankomm' und bring das mit, dann wird man mir hoffentlich verzeihen . . ."

Am 8. März 1945 schrieb Strauss an den Schweizer Musikschriftsteller *Willi Schuh* nach Zürich: „Ist es nicht schicksalhaft, daß das Leben der deutschen Oper im August 1944 mit den ‚Meistersingern' in Bayreuth und einer Generalprobe der ‚Danae' in Salzburg beendet wurde? Schwanengesang der ‚deutschen Meister' und Jupiters Abschied von der Welt!"

Während der „Danae"-Proben in Salzburg gab das Schneiderhan-Quartett im Mozarteum einen Mozart-Abend. Auf dem Programm stand auch das von Strauss so sehr geliebte g-Moll-Quintett. Am Tag des Konzerts war der Meister nicht frei. So erschien er zur Generalprobe und saß als einziger Zuhörer im Auditorium. Nach dem Adagio erhob er sich, schüttelte den Musikern gerührt die Hände und sagte: „Das is nicht komponiert, das kommt vom lieben Gott!"

Zur 150. Wiederkehr von Mozarts Todestag wurde in München eine umfangreiche Festschrift vorbereitet. Man lud Richard Strauss ein, das Vorwort zu schreiben. Er aber lehnte ab mit der Begründung: „Über Mozart kann ich nicht schreiben; ihn kann ich nur anbeten."

Ähnlich ging es dem gereiften Strauss mit dem einst von ihm so verunglimpften Richard Wagner. Der Dresdner Generalintendant *Alfred Reucker* erzählt, wie Strauss bei einer „Lohengrin"-Probe feuchte Augen bekommen habe. „Ja, mein Lieber, das is halt a Oper . . ., *die* deutsche Oper . . . i kann mir net helfen, jedesmal heul' i Rotz und Wasser!" Und dem Schweizer „getreuen Eckermann" Willi Schuh bekannte der 81jährige, wie peinlich es ihm sei, wenn man ihn an die „albernen Frechheiten" erinnere, die er „als 16jähriger Lümmel an dem großen Meister verübt" habe.

Seinen achtzigsten Geburtstag feierte Strauss im Kreis der Wiener Philharmoniker. Als Auftakt zum Festkonzert im Großen Musikvereinssaal am 11. Juni 1944 dirigierte *Karl Böhm* die „Meistersinger"-Ouvertüre und den „Rosenkavalier"-Walzer. Dann überreichte er dem Geburtstagskind einen kostbaren Taktstock aus Elfenbein, mit Gold und

Brillanten verziert. Damit dirigierte dann Strauss seinen „Till Eulenspiegel“, während sich Böhm in die erste Parterreloge begab. Beim Abgang vom Podium tippte er Böhm mit dem Taktstock auf die Schulter und raunte ihm zu: „Der is aber verdammt schwer. Die ‚Götterdämmerung‘ möcht i damit net dirigieren!“

Bei der Probe zum Festkonzert war Strauss wieder einmal bezaubert von der Klangschönheit des Orchesters. Er ließ den Taktstock sinken und sagte verklärt: „Kinder, es is’ wirklich schad’, daß ich euch net ins Grab mitnehmen kann. Da könnten wir so schön weitermusizieren!“

Im Laufe des festlichen Empfanges gab es Trinksprüche und Reden. Schließlich war die Dankesrede des Jubilars fällig. Strauss erhob sich und sagte: „In England macht man sich das sehr einfach, man erhebt das Glas und sagt ‚The King!‘, worauf sich alle erheben und die Gläser leeren. Ich mach’ es genau so. Ich erhebe mein Glas und sage . . .“ (höchste Spannung im Saal) „. . . ich sage: – die Wiener Philharmoniker!“

Während Strauss in Wien seinen 80er beging, hatten die deutschen Redaktionen längst eine „vertrauliche“ Order erhalten, nach der weder das Leben noch die Persönlichkeit des Jubilars zu behandeln seien, sondern ausschließlich sein Werk. Strauss zeigte sich ungerührt. „Ich habe es nicht notwendig, über mein Tun und Lassen Rechenschaft abzulegen, weder vor Hitler noch vor den Emigranten, die auf der anderen Seite des Ozeans jeden, der sich um die Erhaltung unserer kulturellen Besitztümer bemüht, des Verrats am wahren Geist zeihen . . .“

19 Hausherr in Wien

Der großen Meister alte
Tönesprache
hast du beschenkt mit tausend
neuen Klängen.
Du schlugst den Fels, und er
begann zu tönen,
das ganze Weltall zwangst du zu
Gesängen.
Du bliebst der Tänzer, Jubler,
bliebest treu dem Schönen,
als ringsum alles in Verwirrung
sank.
Habe Dank!

20 Der Siebziger

In den Tagen rund um die Geburtstagsfeierlichkeiten nahmen die Wiener Philharmoniker sämtliche sinfonische Werke von Strauss unter dessen Stabführung auf, und zwar mit der damals neuen Technik des Tonbands. Die Bänder wurden 1945 von den Russen beschlagnahmt und erschienen jenseits des Eisernen Vorhangs als Raubpressungen.

Die Grundidee zu Strauss' letzter Oper „Capriccio" stammte noch von *Stefan Zweig*, der in der Österreichischen Nationalbibliothek ein altes Libretto aufgestöbert hatte, das ein Abbate de Casti für Mozarts Rivalen Antonio Salieri verfaßt hatte. Es trug den Titel: „Prima la musica, poi le parole" – „Zuerst die Musik, dann die Worte". Das war gleichsam das geistige Samenkorn.

Joseph Gregor empfing dieses Korn mit den Aufzeichnungen, die Stefan Zweig bei seiner Emigration großzügig für Strauss hinterlassen hatte. Er versuchte sich am Entwurf und erregte damit wieder einmal die unmutige Kritik des Komponisten („Keine Idee von dem, was mir vorschwebte . . ."), der den enttäuschten Librettisten mit den Worten aufzurichten suchte: „Vergessen Sie nicht, welch gute Resultate meine etwas rüpelhafte Mitarbeit bisher schon gezeitigt hat."

Was Strauss tatsächlich vorschwebte, formulierte er in einem Brief an seinen „getreuen Taktstock" *Clemens Krauss:* er wolle eigentlich gar keine „Oper" mehr schreiben, sondern „etwas ganz Ausgefallenes" – eine dramaturgische Abhandlung, eine theatralische Fuge . . . „Auch der gute alte Verdi hat's am Schluß des ‚Falstaff' nicht lassen können – denken Sie an Beethovens Quartettfuge – das sind so Greisenunterhaltungen! . . ."

Gregor mühte sich weiter, Strauss aber schickte dessen neuen Entwurf an Krauss mit der Bitte, sich zu überlegen, ob ihm nicht auch vielleicht dazu etwas Hübsches einfiele, etwa während er den „Palestrina“ dirigiere, denn, „das dürfte Ihre einzige Freizeit sein“.

Clemens Krauss fiel nicht nur etwas Hübsches ein, er sandte Strauss binnen kurzer Zeit gleich die erste Szene, die der begeisterte Komponist „glatt akzeptiert“ hat. Der junge Wiener Dirigent *Hans Swarowsky* steuerte über Aufforderung der beiden ein altes französisches Sonett bei, das er übersetzt hatte und das Strauss sofort vertonte, ohne zu wissen, wie die Handlung eigentlich weitergehen würde.

Wieder – wie in alten „Feuersnot“-Zeiten – beschwor Strauss seinen Textdichter – diesmal Krauss: „. . . bitte nicht zu vornehm sein in meinem Namen. Bedenken Sie: Sie sind eine konziliantere Natur als ich, der Österreicher mit den besseren Manieren, der Bajuware schlägt gerne etwas mit dem Dreschflegel zu. Ein paar Ohrfeigen auszuteilen an Lumpen und Schädlinge der Kunst würde ich nie unter meiner Würde halten!“

Und wieder bediente ihn dieser prompt. „Was wißt ihr Knaben von meinen Sorgen?“, läßt der Librettist Krauss seinen Theaterdichter La Roche klagen,

„Seht hin auf die niederen Possen,
an denen unsere Hauptstadt sich ergötzt.
Die Grimasse ist ihr Wahrzeichen –
die Parodie ihr Element –
ihr Inhalt sittenlose Frechheit!
Tölpisch und rüde sind ihre Späße . . .“

So entstand das „Capriccio", dessen Titel der „getreue Taktstock" fand, in einer beispielhaften Zusammenarbeit zwischen Strauss und Krauss. Gregor wurde darüber im unklaren gelassen. Erst als das Libretto komplett war, wurde das von Strauss selbst als „allerdings etwas unredlich" erkannte Spiel beendet und – quasi zur Besänftigung – der Text an Gregor gesandt. „Sie sollen der Erste sein, der ihn zu lesen bekommt." Man kann sich denken, wie der düpierte Gregor reagierte. Strauss nahm seinen „ebenso blöden wie neiderfüllten" Antwortschrieb gelassen ad notam und bemerkte zu Krauss: „Ich glaube, Gregor bildet sich ernsthaft ein, er hätte es besser gemacht. Er kritisiert ja auch Hofmannsthal. Da könne man nur mit Wagners Eva sagen: ‚Ich hätt' Euch für feiner gehalten!' "

Die „Capriccio"-Uraufführung fand am 28. Oktober 1942 in München statt. Clemens Krauss dirigierte, seine Gattin Viorica Ursuleac sang die Gräfin, Horst Taubmann, Hans Hotter, Georg Hann, Walter Höfermayer und Hildegarde Ranczak verkörperten die weiteren Partien. Schon nach der Hauptprobe stellte Strauss gerührt fest: „Besser kann ich's nicht mehr!"

Tatsächlich nahm Strauss mit seinem „Konversationsstück für Musik in einem Aufzug" Abschied von der Bühne: „Capriccio sollte der Schluß sein: es ist auch nach wie vor der beste und würdigste Abschluß und dabei soll es nun definitiv bleiben bis in alle Ewigkeit Amen!"

Ein andermal bekannte er: „Was jetzt noch kommt, sind Handgelenksübungen . . . Atelierarbeiten, damit das Handgelenk und der Kopf nicht allzu zeitgemäß verblödet werden: Nachlaß – Nachlaß, Horatio!"

Vor der Neueinstudierung von „Capriccio" an einem prominenten Operninstitut kam es zu einem Disput zwischen dem Dirigenten *Clemens Krauss* und dem Direktor des Hauses, der für die Partie der Gräfin eine Sängerin durchsetzen wollte, die Krauss entschieden ablehnte. Als der Direktor nicht nachgeben wollte, erklärte ihm Krauss: „Schauen Sie, ich hab' doch das Textbuch geschrieben. Hier kommt es vor allem drauf an, daß sich die Frau zwischen zwei Verehrern für keinen von beiden entscheiden kann. Besetzen wir die Partie mit Ihrer Sängerin, weiß doch jeder im Publikum, noch ehe der Vorhang hochgeht, daß sie sich für alle zwei entscheiden wird."

Als Karl Böhm 1943 die Direktion der Wiener Staatsoper übernahm, verwies ihn Richard Strauss in einem Brief auf das Goethe-Wort: „Vokalmusik heißt sie, weil man beim Singen nur die Vokale versteht" und empfahl ihm dringend, „dieses monumentale Wort groß gedruckt und eingerahmt im Direktionszimmer aufhängen zu lassen, als Menetekel für konsonantenlose Sänger".

Um diese Zeit schrieb Clemens Krauss an den Meister, daß sein Kollege am Münchner Nationaltheater, der gewissenhafte junge Kapellmeister *Walter Seifert*, eine Reihe von Druckfehlern in den Strauss-Partituren entdeckt habe, die er dem Komponisten gerne aufzeigen möchte. Strauss empfing den „Beckmesser" sehr ungnädig. Als ihm aber Seifert bewies, daß er recht hatte, lud ihn Strauss zum Abendessen und ernannte ihn taxfrei zum „Korrigenten": „Dirigieren können S', korrigieren können S', also san S' a Korrigent!"

Als Strauss 1944 „auf höhere Weisung“ nicht mehr in die Schweiz reisen durfte, so daß er auf seine gewohnte Kur in Baden bei Zürich verzichten mußte, machte er seinem Herzen Luft: „Hitler will mir mein Deutschtum absprechen. Ich bin gewiß immer ein Deutscher gewesen. Mein Werk zeugt für mich. Allerdings ist mein Deutschtum von einer Art, von der diese Leute nichts wissen – am wenigsten Hitler!“

Die Zerstörung der großen Opernhäuser – vorab der Münchner, Dresdner und Wiener Oper – traf Richard Strauss ins Mark. Der Goebbels-Erlaß tat ein Übriges. Verzweifelt schrieb er an Schuh: „Ich bin trostlos . . . Jahrelange wertvollste Kulturarbeit in Asche! . . . der Brand des Münchner Hoftheaters, der Weihestätte der ersten ‚Tristan‘- und ‚Meistersinger‘-Aufführungen, in dem ich vor 73 Jahren zum ersten Mal den ‚Freischütz‘ hörte, wo mein guter Vater 49 Jahre im Orchester am ersten Horn saß . . . es war die größte Katastrophe, die in mein Leben eingebrochen ist, dafür gibt es keinen Trost und in meinem Alter keine Hoffnung.“

In dieser tristen Stimmung schuf Strauss in Garmisch seine „Metamorphosen“, eine „Studie für 23 Solostreicher“, vollendet in den drei Wochen vor Beendigung des Krieges. In ihnen schlug sich seine Überzeugung vom Ende der deutschen Musik nieder. Schicksalhaft klingen die ersten vier Takte aus dem Trauermarsch der „Eroica“ auf. Die holländische Presse kam daraufhin mit der Zeitungsente, Strauss hätte die „Metamorphosen“ in memoriam Adolf Hitler komponiert, eine Nachricht, die *Willi Schuh* in der Schweizer Presse energisch als „Greuelmärchen“ brandmarkte.

Das Werk des 81jährigen wurde neun Monate später durch Paul Sacher in Zürich aus der Taufe gehoben. *Julius Patzak* saß unter den Zuhörern und äußerte sich anschließend zu Strauss: „Die ‚Metamorphosen‘ haben mich sehr ergriffen, aber auch sehr traurig gemacht.“ Worauf Strauss erwiderte: „Ja glauben S’, ma kann was Lustig’s schreiben, wenn die deutsche Musik g’storben is?“

Im Jänner 1945 schrieb Strauss an *Walter Thomas:* „Ich lebe ein völlig freudloses Dasein in der Hoffnung, daß unsere lieben Genien im Olymp mich bald zu sich abberufen werden.“

Am 30. April 1945 rückten die Amerikaner in Garmisch ein. Da blieb auch die Strauss-Villa nicht von Einquartierung verschont. Doch schon die Namen „Strauss“, „Salome“, „Rosenkavalier“ schufen den nötigen Respekt. Der Hausherr nützte die Gunst und tat noch ein Übriges: „Ich habe jedem mein Bild geschenkt und schließlich den Rosenkavalierwalzer gespielt, kurz: Abwehrerfolg durch den Geist!“

Im Herbst 1945 durfte Strauss mit seiner erkrankten Gattin in die Schweiz ausreisen. Die Amerikaner hatten ihr „Okay“ gegeben. Doch das Paar blieb an der französischen Zonengrenze bei Bregenz hängen, da ein wichtiges Ausweispapier vermißt wurde. Als die Franzosen begriffen, wen sie vor sich hatten – einen langjährigen „Ritter der Ehrenlegion“ notabene – verlor das Ausweispapier rasch an Wichtigkeit. Strauss bedankte sich fürstlich: Er überreichte dem kommandierenden General das Originalmanuskript seiner „Alpensymphonie“ als Geschenk für die Pariser Nationalbibliothek.

Im „Schlaraffenland" Schweiz fand Strauss bald seine Lebensfreude wieder. Als *Hermann Juch* ihn im Park von Montreux traf und mit den Worten begrüßte: „Sie sehen ja prächtig aus, Herr Doktor!", erwiderte der Meister gutgelaunt: „Ja sehn S', i bin scho froh, wann i in der Früh aufwach'. Andere Leut' san scho lang tot, und i leb' immer noch!"

Und in Pontresina jubelte Strauss im Frühsommer 1947: „Es gibt nur ein Engadin auf der ganzen Welt . . . Wir schlürfen die Luft der Gemsen wie französischen Champagner! Kein Wunder, daß der gute Nietzsche hier übergeschnappt ist!"

Um seinen Schweizer Aufenthalt zu finanzieren, mobilisierte Strauss seinen oftbewährten Geschäftsgeist. Er schrieb die beiden Partituren von „Tod und Verklärung" und „Don Juan" fein säuberlich ab und übergab sie dem ehemaligen Fagottisten und Vorstand der Wiener Philharmoniker *Hugo Burghauser* – der 1938 nach New York emigriert war – mit der Bitte, die Autographen in Amerika möglichst teuer loszuschlagen. Burghauser schlug sie los; er war nicht nur ein exzellenter Musiker.

Als man am Broadway das Lesbierinnenstück „The Killing of Sister George" spielte, begegneten der Leiter des österreichischen Kulturinstitutes in New York, Dr. Gottfried Heindl, und der Korrespondent der „Bühne", *William Van Loon,* einander auf einer Party. Man kam auf Strauss' „Rosenkavalier" zu sprechen und der Korrespondent meinte:

„Bei der Dresdner Uraufführung mußten die Marschallin und ihr ‚Bub' brav auf Stühlen sitzend ihre erste Liebesszene singen, bei der Wiener Erstaufführung unter Schalk durfte die Marschallin schon, bzw.

noch im Bett liegen. Bei der nächsten Inszenierung an der Met werden beide im Bett liegen und das Publikum wird glauben, es hört und sieht ein Musical über ‚The Killing of Sister George'."

Galavorstellung von Strauss' „Frau ohne Schatten" in der Metropolitan Opera New York. In der Direktionsloge sitzt neben dem Chef des Hauses, *Sir Rudolph Bing,* ein Botschafterehepaar, das sich vor Beginn der Vorstellung ebenso eifrig wie vergebens bemüht, aus dem Programmheft den Inhalt der Oper zu enträtseln. Verwirrt wendet sich die Botschaftergattin schließlich an Bing: „Ich habe die Inhaltsangabe gelesen, aber ich kenne mich nicht aus. Können Sie mir sagen, was in der Oper eigentlich vorgeht?" – „Madame", erwiderte Sir Rudolph lachend, „ganz genau kenne ich mich auch nicht aus. Aber irgendwie hat es mit Geburtenkontrolle zu tun."

1947 besuchte der Präsident der Salzburger Festspiele, *Bernhard Paumgartner,* den Meister in der Schweiz und berichtete ihm, daß die Salzburger Bauernschaft ohne Zögern eine Subvention von 500.000 Schilling für die Festspiele bewilligt habe mit der Begründung: „Für die Kunscht derf ma net sparen!" Und Strauss, der darüber brieflich an Schuh berichtete, setzte bewundernd hinzu: „Das ist Österreich!"

Noch zwei weitere Boten aus früheren Wiener Tagen besuchten den greisen Komponisten in der Schweiz. Der eine war *Ernst Lothar,* seines Zeichens Schriftsteller, Regisseur und Theatermann, zu jener Zeit amerikanischer Kulturoffizier, der versuchte, Strauss' Genehmigung zur Uraufführung der „Danae" bei den Salzburger Festspielen zu erhalten. Die Verhandlungen scheiterten an einer Bedingung, von der Strauss nicht abging: „Entweder die Danae mit dem Clemens Krauss oder gar nicht. Jedes weitere Wort können S' sich dersparen!" – Der zweite Bote hieß *Manfred Mautner Markhof.* Der Wiener Großindustrielle und Kunstmäzen überbrachte dem ihm befreundeten 83jährigen das Dekret der österreichischen Staatsbürgerschaft. Das war im Frühjahr 1947. Etwa um die gleiche Zeit bemühten sich die Wiener Philharmoniker, dem in München ausgebombten und völlig vereinsamten Hans Pfitzner einen würdigen Lebensabend zu bereiten.

Als Strauss seinem 83er entgegenging, bereitete man in London eine Richard-Strauss-Woche vor. Da man möglichst viele seiner Wünsche erfüllen wollte, bat man ihn, selbst die Auswahl der zu spielenden Werke zu treffen. Strauss antwortete: „Da die Presse ja sowieso schlecht ist, ist es ganz egal. Bin ja der einzige lebende Komponist, der heute eine schlechte Presse hat; dafür ist meine Musik desto besser."

Strauss an *Willi Schuh* etwa zur selben Zeit: „Sie haben recht, ich bin ein ‚Optimist'. Aber solche Schafsköpfe schreiben den Nibelungenring und schließlich auch – in gebührendem Abstand – die Salome und die Frau ohne Schatten! Der brave Schubert hatte sogar die Frechheit zu verlangen: ‚Unsereins sollte auf Staatskosten erhalten werden.' "

Das Londoner Strauss-Festival fand vom 5. bis 30. Oktober 1947 statt und gab dem Gefeierten enormen Auftrieb. Er selbst leitete zwei Sinfoniekonzerte, eines in der Albert Hall und eines in der BBC. In der Albert Hall standen nicht weniger als vier Werke auf dem Programm: der „Don Juan", die „Burleske", die „Sinfonia domestica" und die „Rosenkavalier"-Walzerfolge von 1946 – ein Monsterprogramm in der Monsterhalle! Die anderen Werke dirigierten Sir Adrian Boult und Sir Thomas Beecham. Beecham hatte sich, unbekümmert um alle politischen Quertreibereien, tatkräftig für Strauss und seine Musik eingesetzt. Der eigentliche Initiator des Festivals aber war *Dr. Ernst Roth*, Chef des Londoner Musikverlages Boosey & Hawkes, dem der Meister später als Dank eines der verklärten „Vier letzten Lieder" widmete, und zwar in leiser Anspielung auf den Namen des Empfängers, das Eichendorff-Lied „Im Abendrot".

Bei seiner Ankunft in London gab es das übliche Interview für die Presse. Eine junge amerikanische Reporterin von „Life" fragte Strauss: „Und was werden Sie in nächster Zeit machen?" – „No, halt sterben!" war die Antwort.

Während seines Londoner Aufenthalts wurde Strauss von Willi Schuh betreut, der im Barry-Hotel Tür an Tür mit ihm wohnte. Als er einmal Strauss im Lift abwärts brachte, raunte ihm der Liftboy die Frage zu: „The composer of the ‚Blue Danube?' "

Zur gleichen Zeit, da Strauss in London gastierte, gab die Wiener Staatsoper unter Clemens Krauss und Josef Krips ein Gastspiel in der Covent Garden Opera. So kam es, daß *Otto Strasser* nach einer Probe beim Verlassen des Hauses mit dem Komponisten zusammentraf, der ihn sofort erkannte und freudig begrüßte. „Wann kommen Sie wieder nach Wien, Herr Doktor?", wollte Strasser wissen. „Aber schaun S'", antwortete Strauss, „was soll i denn in einer zerstörten Stadt?" – Das war es: eine Stadt ohne Oper war für ihn keine Stadt . . .

Sir Thomas Beecham dirigierte unter anderem eine konzertante „Elektra" in deutscher Sprache mit Erna Schlüter in der Titelpartie. Ovationen für den anwesenden Schöpfer des Werkes, der sich immer wieder stumm verneigte. Das genügte den begeisterten Zuhörern nicht. Sie wollten Strauss, der ja seit über dreißig Jahren Ehrendoktor der Oxford University war, sprechen hören. Als die dahin zielenden Aufrufe kein Ende nahmen, erhob sich Strauss lächelnd und sagte mit leichtem Kopfnicken laut und deutlich: „Good evening!" Dann setzte er sich wieder.

Im letzten Konzert des Londoner Strauss-Zyklus sollte Strauss – im Anschluß an die Jupiter-Symphonie unter Beecham – noch einmal selbst den Taktstock ergreifen. Als es so weit war, richtete er sich ächzend auf, zupfte an der Frackmasche und sagte schmunzelnd: „No also, da geht halt der alte Gaul no amol aus'n Stall!" Dann gab er den Einsatz zum „Till Eulenspiegel".

Im Mai 1948 schrieb Strauss aus Montreux an Willi Schuh: „Ich war gestern beim Oktett der Wiener, bezaubernd! Was geht einem da die Zerstörung der übrigen sogenannten Welt an! Der deutsche Geist, der sich in solchen Werken offenbart (und nicht in Hermann dem Cherusker und Friedrich II.) bleibt, bis die Erdkruste vereist ist und wohl noch darüber hinaus!"

Im Spätherbst 1948 mußte sich Strauss einer Blasenoperation unterziehen. Als ihn Willi Schuh in der Lausanner Klinik besuchte, klagte er: „Ich frage mich, warum man mich noch einmal in ein Dasein zurückruft, in dem ich mich tatsächlich überlebt habe."

Mit den völlig abgeklärten „Vier letzten Liedern“ nach Gedichten von Eichendorff und Hermann Hesse – „Im Abendrot“, „Frühling“, „Beim Schlafengehen“ und „September“ – nahm Strauss musikalischen Abschied vom Leben. Die letzten Worte im Eichendorff-Lied lauten:

Wie sind wir wandermüde –
Ist das etwa der Tod?

Und das September-Lied, vollendet im September 1948, schließt mit den Versen:

. . . sehnt sich nach Ruh,
langsam tut er die großen
müdgewordenen Augen zu.

Ein Jahr später, im September 1949, tat er sie selber für immer zu. Die Lieder hat er nie gehört. Erst nach seinem Tod, im Mai 1950, wurden sie von Kirsten Flagstad und Wilhelm Furtwängler in London aus der Taufe gehoben.

Auch das allerletzte kompositorische Bemühen des 85jährigen galt einem Gedicht von *Hermann Hesse*. Am Beginn dieses Chorwerkes, das unvollendet blieb, standen die Verse:

Göttlich ist und ewig der Geist.
Ihm entgegen, dessen wir Bild und Werkzeug sind,
führt unser Weg; unsere innerste Sehnsucht ist:
Werden wie ER, leuchten in seinem Licht!

An seinem 86. Geburtstag erhielt Strauss einen dicken Brief aus London, in dem *Clemens Krauss* ausführlich auf seine schon früher gemachte Anregung zurückkam, der Freund möge als Schlußpunkt seines Schaffens ein Sintflut-Oratorium komponieren. Er skizzierte den Plan des Oratoriums und schloß seinen Brief mit den Worten: „Da Sie langsam das Alter Noahs erreichen, liegt der Vergleich nahe.

Auch Sie haben uns mit Ihrer Musik eine Arche geschaffen, in der wir alle guten Geister unserer Kunst über die Sintflut der Atonalität und aus dem Chaos des Intellektualismus, durch das uns Gott immer wieder straft, retten können. So soll es geschehen. Amen."

Als es mit Strauss zu Ende ging und seine Schwiegertochter Alice einmal still an sein Bett trat, um nach seinem Befinden zu sehen, schlug der Kranke lächelnd die Augen auf und sagte: „Du, Alice, mit dem Tod is des wirklich so, wie i's damals vor sechzig Jahren komponiert hab'."

Einer der Letzten, die den Meister am Sterbebett besuchten, war der Regisseur *Rudolf Hartmann.* Noch einmal sprach Strauss ausführlich über seine Herzensangelegenheit: das Theater. Als sich Hartmann verabschiedete, hob der Sterbende die Hand und sagte leise: „Grüß mir die Welt!"

Bei der Einäscherung in München erklang – nach dem Wunsch des Verewigten – das große Terzett aus dem „Rosenkavalier": „Hab mir's gelobt, Ihn lieb zu haben in der richtigen Weis' . . .

Und spür' nur dich und weiß nur eins: dich hab' ich lieb!"

Pauline Strauss, geborene de Ahna, überlebte ihren Gatten nur um acht Monate.

Wer war Richard Strauss wirklich?

Richard Strauss hat weder eine närrisch wilde Lokkenmähne noch die Bewegungen eines Rasenden. Er ist groß und wirkt in seiner freien entschlossenen Haltung wie einer jener großen Forscher, die mit einem Lächeln auf den Lippen die Gebiete wilder Völkerschaften durchqueren. Braucht man vielleicht etwas von dieser Haltung, um die wohlgesittete Öffentlichkeit aufrütteln zu können? *Claude Debussy*

*

Ich halte die „Sinfonia domestica" für das Werk eines höchst raffinierten Mannes, der früher einmal ein Genie gewesen ist.

Der amerikanische Kritiker Ernest Newman

*

Die Macht der Richard Strauss'schen Tonsprache wirkt deshalb so überwältigend, weil jeder den Reichtum ahnt, dem sie entquillt.

Wilhelm Zentner

*

Ich würde gerne alle Strauss-Opern gleichgültig welchem Purgatorium überlassen, das triumphierende Banalität bestraft. Ihre musikalische Substanz ist billig und armselig. Sie können einen Musiker heute nicht mehr interessieren. *Igor Strawinsky*

*

Ich kann Ihnen versichern, daß in Richard Strauss' Musik Sonne ist . . . es ist unmöglich, der gewinnenden Macht dieses Mannes zu widerstehen!

Claude Debussy

Strauss war einer der Letzten des großen Zeitalters deutscher Musikromantik. Er wurde sein Vollender. *Ernst Krause*

*

Dieser Mann komponiert mit den Nerven. Er fühlt nicht immer, was im Text ist, aber er ist ohnehin so voll Musik, daß sie nicht den Weg durch seine Seele braucht, sie quillt ihm aus den Fingerspitzen.

Hugo von Hofmannsthal

*

Strauss geriet an Hofmannsthal, und damit begann ein säkulares europäisches Malheur. Sie haben zueinander gepaßt wie Weißwurst und Tokayer . . . Er hat nichts von Literatur, Hofmannsthal hat nichts von Musik verstanden, beide aber haben, vor allem, nichts von der Oper verstanden.

Hans Weigel

*

Es ist ein wechselseitiges Geben und Nehmen: Hofmannsthal inspiriert Strauss zur Musik, dieser den Freund zu neuen Dichtungen und Gedanken. Diese einzigartige Zusammenarbeit hat in der Operngeschichte nicht ihresgleichen.

Walter Panofsky

*

Hofmannsthals Opernbücher sind im wahren Sinne „Dichtungen für Musik“ . . . ihr Zusammenfinden ist ein Ereignis von säkularer Bedeutung.

Willi Schuh

*

Richard Strauss wird vergehen und eines Tages fort sein, in die Vergessenheit eingesickert wie der Schnee vom vergangenen Jahr. Er ist schon sehr lange tot, er weiß es nur noch nicht. *Hans Weigel*

Nicht ist die Zeit über ihn, sondern er ist über die Zeit hinweggeschritten. *Otto Erhardt*

*

Strauss wird sich ewig halten. *Max Reger*

*

Salome, Elektra und der jämmerliche Rosenkavalier können unmöglich etwas anderes sein als Augenblickssensationen, Momenterfolge, Eintagsfliegen. Kaum etwas anderes als eine große Geldschneiderei. *Siegfried Wagner*

*

Mit dem heiter-festlichen „Rosenkavalier" schwenkte Strauss in die Mozartsche Linie ein, die ein Bekenntnis zur Oper und ihren geschlossenen Formen bedeutet. *Willi Schuh*

*

Daß der Meister des „Don Juan", der „Ariadne" und der „Frau ohne Schatten" zu den größten Einfallsmusikern der Musikgeschichte seit Mozart und Schubert zählt, dürfte nur von seinen ärgsten Gegnern bestritten werden. *Ernst Krause*

*

Die „Ariadne" erweckt in mir die Sehnsucht zu kreischen. *Igor Strawinsky*

*

Ich möchte ohne Strauss nicht leben. *Ernst Decsey*

*

Richard Strauss, die symphonische und musikdramatische Verkaufskanone, hat neben dem „Eulenspiegel" und der „Elektra" nicht Opern und Symphonien produziert . . . sondern musikalische Konsumgüter. Er war der Puccini der Symphonie, der Toselli des musikalischen Theaters. *Hans Weigel*

Ich kann hoch und heilig versichern: seit Wagner haben wir keinen so großen Meister gehabt wie Strauss. *Bela Bartók*

*

Wagners Musik ist das Modernste und Letzte. Niemand ist darüber hinaus. Straussens ,,Fortschritt" ist Gefasel. *Thomas Mann*

*

Das scheinbar Unvereinbare ist in einem Lebenswerk Ereignis geworden, das an festlichem Glanz, an Lebensfülle wie an künstlerischer Spannweite nicht seinesgleichen hat in seiner Zeit. *Willi Schuh*

*

Wer wollte nicht dankbar sein für diese heiter-tiefe musikalische Lebensquelle mit ihrer unversiegbaren Kraft, lebenspendend zu leben.

Gerhart Hauptmann

*

Richard Strauss? Eine alte Auster . . .!

Igor Strawinsky

*

Die deutsche Musik ist ohne Richard Strauss nicht denkbar. *Wilhelm Furtwängler*

*

Eine der zahlreichen Ironien im Leben und in der Laufbahn dieses tragischen Komödianten Strauss ist es, daß er schließlich ein Schicksal erlitt, das unter Athleten keineswegs ungewöhnlich ist: er setzte Fett an und starb an der Fettgewebeentartung der Instrumentation. Die tödliche Krankheit des Zeitalters, die Elephantiasis, packte ihn. *Neville Cardus*

Straussens Kunst hat sich durchaus aus innerer Notwendigkeit entwickelt, und es zeugt von mangelndem Verständnis für seine Eigenart, dem von ihm eingeschlagenen Weg äußerliche Motive zu unterschieben. *Siegmund von Hausegger*

*

Mit Ahnungslosen kann man nicht kämpfen: also sehen Sie sich vor!

Richard Strauss an Clemens Krauss

*

Was der Vogel Strauß uns pfiff,
Fühle und begreif' ich;
Können ist der Inbegriff,
Auf das andre pfeif' ich . . .

Wilhelm Busch

Hauptsächlich benützte Literatur

Strauss, Richard: *Betrachtungen und Erinnerungen*, hrsg. von Willi Schuh. Atlantis-Verlag, Zürich 1949

Strauss, Richard: *Briefe an die Eltern 1882–1906*, hrsg. von Willi Schuh. Atlantis-Verlag, Zürich 1954

Strauss, Richard/Hofmannsthal, Hugo von, Briefwechsel, hrsg. von Franz und Alice Strauss, bearb. von Willi Schuh. Atlantis-Verlag, Zürich 1952

Strauss, Richard/Zweig, Stefan, Briefwechsel, hrsg. von Willi Schuh. S. Fischer-Verlag, Frankfurt a. M. 1957

Strauss, Richard/Krauss Clemens, Briefwechsel, ausgewählt und hrsg. von Götz Klaus Kende und Willi Schuh. C. H. Beck, München 1959

Strauss, Richard/Gregor, Joseph, Briefwechsel, im Auftrag der Wiener Philharmoniker hrsg. von Roland Tenschert. Otto Müller, Salzburg 1955

Panofsky, Walter: *Richard Strauss, Partitur eines Lebens.* Piper & Co., München 1965

Trenner, Franz: *Richard Strauss, Dokumente seines Lebens und Schaffens.* C. H. Beck, München 1954

Erhardt, Otto: *Richard Strauss, Leben, Wirken, Schaffen.* Otto Walter, Olten u. Freiburg i. B. 1953

Deppisch, Walter: *Richard Strauss in Selbstzeugnissen und Bilddokumenten.* rororo, Hamburg 1968

Kralik Heinrich: *Richard Strauss, Weltbürger der Musik.* Wollzeilen-Verlag, Wien 1963

Krause, Ernst: *Richard Strauss.* Breitkopf & Haertel, Leipzig 1956

Gregor, Joseph: *Richard Strauss, der Meister der Oper.* R. Piper & Co., München 1939

Tenschert, Roland: *Richard Strauss und Wien.* Brüder Hollinek, Wien 1959

Kusche, Ludwig: *Richard Strauss im Kulturkarussell.* Süddeutscher Verlag, München 1964

Schumann, Karl: *Das kleine Richard-Strauss-Buch.* Residenz-Verlag, Salzburg 1970

Böhm, Karl: *Begegnung mit Richard Strauss,* hrsg. von Franz Eugen Dostal. Doblinger, Wien 1964

Tenschert, Roland: *Anekdoten um Richard Strauss.* Frick-Verlag, Wien 1945

Richard-Strauss-Ausstellung zum 100. Geburtstag, bearbeitet von Franz Grasberger und Franz Hadamowsky. Österr. Nationalbibliothek, Wien 1964

Bildnachweis

1 Karikatur von J. J. Vriesländer. Aus „Berliner Musik- und Theaterzeitung“ 1902
2 „Lustige Blätter“ 1903
3 Th. Th. Heine, „Simplicissimus“ 1911
4 Olaf Gulbransson, „Simplicissimus“ 1904
5 Karikatur von W. Bithorn
6 „Lustige Blätter“ 1906
7 Französische Ansichtskarte aus dem Jahr 1907
8 Berliner „Ulk“ 1911
9 Zeichnung in Wiener Zeitschrift 1910
10 Zeichnung von Ernst Stern. In „Fliegende Blätter“ 1908
11 Zeichnung von F. Jüttneroq. In „Der zerpflückte Strauss“
12 Zeichnung von Hans Boehler 1912
13 Zeichnung von Ernst Stern. In „Lustige Blätter“ 1911
14 Zeichnung von B. F. Dolbin 1927
15 Zeichnung von W. Bithorn 1914
16 Zeichnung von Rudolf Hermann. Österr. Nationalbibliothek, Wien
17 Zeichnung von Lindloff im Faschingsheft „Die Musik“ 1911
18 Wiener Silhouette
19 Zeichnung von Alfred Gerstenbrand
20 Zeichnung von Olaf Gulbransson, „Simplicissimus“ 1934

Inhaltsverzeichnis

Vorwort 5

KAPITEL I
Das Glückskind oder
VOM RICHARDL ZUM RICHARD 9

KAPITEL II
Der hat noch eine große Zukunft oder
VOM DON JUAN ZUM HELDENLEBEN 33

KAPITEL III
Nicht ich, das Publikum soll schwitzen oder
VON DER DOMESTICA ZUR FEUERSNOT 53

KAPITEL IV
Die Hofbusenschlange oder
SALOME UND DIE FOLGEN 69

KAPITEL V
Ein furchtbares Paar oder
VON DER ELEKTRA ZUM ROSENKAVALIER 85

KAPITEL VI
Einst kam der Bock als Bote oder
VON DER ARIADNE ZUM KRÄMERSPIEGEL 113

KAPITEL VII
Richard Strauss-Theater in Wien oder
VON DER FRAU OHNE SCHATTEN ZUR ARABELLA 129

KAPITEL VIII
Glauben Sie, daß Mozart „arisch" komponiert hat oder
VON DER SCHWEIGSAMEN FRAU ZUM CAPRICCIO 155

Wer war Richard Strauss wirklich? 191

ALEXANDER WITESCHNIK

Wer ist Wotan oder Wagner und die Wagnerianer

208 Seiten mit 16 Bildseiten
Format 10 x 17 cm

Alexander Witeschnik hat schon zwei Musik-Anekdoten-Bestseller geboren, seine Bücher über die Wiener Philharmoniker und die Wiener Staatsoper, und nun hat er gute Aussichten, daß „Wer ist Wotan" Nr. 3 wird. Wagner vor allem von der heiteren Seite gesehen – ist das nicht erfrischend nach Manns, Blochs, Adornos oder Hans Mayers abgrundtief schürfenden Analysen? Zur Erholung von der germanisch-depressiven Moll-Welt ist Witeschniks neuestes Büchlein herzlich zu empfehlen.

Oper + Konzert, München

Eine Fundgrube, deren Schätze, in der rechten Weise zitiert, so manchem zukünftigen Wagner-Artikel besondere „Farbigkeit" verleihen sollten.

Wiener Zeitung

Mittwoch den 23. Jänner 1901, abends halb 8 Uhr

im Grossen Musikvereins-Saale

Musik-Aufführung

unter persönlicher Leitung des Componisten

Richard Strauss

königl. preuss. Hofkapellmeister

und unter Mitwirkung von

Frau Pauline Strauss-de Ahna.

Orchester: **Das verstärkte Münchener Kaim-Orchester.**

PROGRAMM:

1. **Till Eulenspiegels lustige Streiche*)**, nach alter Schelmenweise in Rondoform für grosses Orchester.
2. **Drei Lieder mit Orchester:** Meinem Kinde. Muttertändelei. Wiegenlied. — Neu, I. Auffürung.
3. **Ein Heldenleben*).** Tondichtung für grosses Orchester.
   Motive: **Der Held.**
   Des Helden Widersacher.
   Des Helden Gefährtin.
   Des Helden Wahlstatt.
   Des Helden Friedenswerke.
   Des Helden Weltflucht und Vollendung.
   (Neu, 1. Aufführung.)
   Violinsolo: Concertmeister **Richard Rettich.**
4. **Vier Lieder mit Clavierbegleitung:** Befreit.
   Ein Obdach.
   Traum durch die Dämmerung.
   Heimliche Aufforderung.
5. **Vorspiel zum 2. Act der Oper „Guntram" („Ein Siegesfest").** Für grosses Orchester.

Clavier: **Bösendorfer.**

Lieder-Texte: Preis 10 Kreuzer.